JN418970

민들레 낱꽃

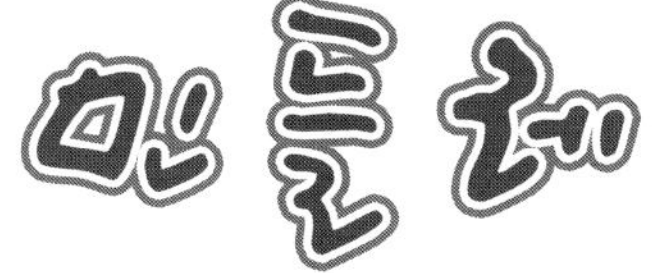

연규자 산문집

문학의전당

自序

크게 의도한 바 없었다면 몇몇 사람에게 실례의 말이 될지 모르겠다. 겁 없이 불쑥 내놓았던 십여 년 전 첫 시집이 늘 부끄럽고 짐스러웠다. 어쩌면 이 산문집도 그만큼의 세월 뒤 이 같지 않을까 싶어 조심스럽다.

새로운 글 없이 그간 써온 글들을 모아 일부 수정해 묶는다. 수필 형식의 글과 몇 편의 여행기 그리고 짧은 단상의 글 등으로 분류해 보았다. 신변잡기身邊雜記일 수밖에 없는 산문집이라 지나치게 자신을 드러내게 되지 않을까 또한 염려된다.

원고를 고르며 정리하다 보니 일부 설부른 판단과 성숙하지 못한 의식의 미흡함이 읽혀져 적잖이 당황스럽기도 하였다. 그러나 이 모두 인정해야 할 내 모습인 것이다. 정진精進의 자세와 성장의 기미가 조금이라도 엿보인다면 더 바랄 것이 없겠다.

기꺼이 기회를 밀어준 문우들과 내 산문집의 첫 독자가 되어준 **문학의전당** 에 보람이 되는 일로 남기를 소망한다.

2008년 가을 입구에서

연규자

| 차례 |

1부 수필로 만지는 세상

2부 길 위에서

3부 말하지 않아도 느낌으로 알 수 있는 것에 대해

1부

수필로 만지는 세상

부재중 전화

현재 문화원이 있는 농업기술센터 건물은 조립식인데 오래되어 수명이 다 되었다. 한동안 비어 있던 이 건물로 지역 내 사회단체들이 일정기간을 예정하고 다시 사용하게 되었을 때, 임시방편의 보수가 있었다. 무너지지 않도록 사방 모서리에 철근 받침대를 대고 건물을 돌아가며 지지대를 세웠다. 처음 이사 와 집기와 책들을 정리할 때는 건물이 내는 작은 움찔거림에도 신경이 바짝 일어서곤 했다. 지금은 그런 불안은 거의 잊고 지내지만, 이 건물은 조심스레 걸어도 전체가 삐걱거리며 반응하고, 정신을 집중하면 위 아래층의 움직임을 어느 정도 알아차릴 수 있을 정도로 헐거워져 힘겨워하고 있다.

얼마 안 있어 이 건물은 분해되어 없어질 계획이다. 요즘은 자주 길다란 이층 난간을 따라 걸으며 자연스레 눈에 들어오는 대로 바라보곤 한다. 건물이 안고 있는 손바닥만 한 작은 마당에는 키 작은 하얀색 나무 울타리에 쌓인 풍향계가 있고 그 옆으로 강우량, 온도, 습도, 기압 등을 측정하는 백엽상이 커다란 새집모양 안에 들어 있다. 초등학교와 맞닿은 담 구석으로는 비닐하우스 한 동이 있다. 그 안에는 각종 분재와 장미, 국화 같은 화분들이 겨울동안 생명을 유지하다 봄이 되면 밖으로 나온다. 마름모꼴로 엮인 쇠창살 울타리를 타고 넝쿨장미가 오르기도 하고, 지난여름에는 서너 주 심었다는 조롱박이 주렁주렁 울타리 가득 매달리기도 했다.

농업기술센터라는 특정 업무에 따라 마당에 그려지는 그림이 달랐다. 주먹만 한 감자가 자루마다 쏟아져 나와 널려질 때도 있고, 붉은 고추가 마당 가득 반짝이기도 하고, 머리통만 한 못생긴 늙은 호박이 트럭 가득 실려와 부려지기도 했다. 크기에 비해 훌쩍 가볍게 들리는 늙은 호박은 있는 것 다 내어주고 속이 비어 가는 늙으신 부모님과 닮았다.

여름엔 몹시 더웠다. 단열이 안 되어 에어컨 없이는 견디기 어려운 온도까지 달아올랐다. 더위를 피해 부채와 책 한 권을 들고 사람들이 잘 드나들지 않는 뒤쪽 철 계단에 앉아 있곤 했다. 농업기술센터를 등진 자세로 앉으면 정면으로 초등학교가 뒷모습을 보이고, 나란히 서 있는 플라타너스를 이어 작은 테니스코트가 보인다. 플라타너스는 풍만했다. 봄에는 눈이 날리듯 꽃가루를 피워내고, 여름에는 약한 바람도 무수한 잎으로 부풀리어 우수수 잎 지는 소리로 밀어내곤 했다. 눈을 감고 가만히 있으면 여름 한낮의 지친 정적 속으로 바람보다도 먼저 잎들이 쏠리는 소리가 닿았다. 테니스코트는 늘 한가한 편이었는데 가끔 편안한 옷차림의 선생님 몇이 공을 튀기며 느린 오후를 보내기도 했다.

낮동안 거의 비어 있던 사무실에 저녁이면 하루 일을 마친 가장처럼 피곤한 모습으로 하나 둘 직원들이 돌아왔다. 업무가 많다고 했다. 책상에 앉아 할 수 있는 일이 아닌데다가 서류 정리는 또 일반 공무원과 마찬가지로 구비되어야 하기에 늘 제 시간에 퇴근하지 못해 보였다. 어쩌다 늦게 퇴근하며 네모난 창문을 통해 네모나게 들여다보이는 환한 사무실을 지날 때면 푸른 형광등 아래, 책상 위 서류뭉치들이, 그 앞에 엎드려 남아 있는 한두 명의 직원이 먼 나라 풍경처럼 보였다. 한솥밥은 아니지만 한 지붕 아래 지낸 기간이 이 년 넘은 듯하다. 그렇게 가깝지도 멀지도 않게 보낸 시간은 어디에 어떻게 모여 있는지 문득 궁금하다.

농업기술센터 바로 위 골목에 성당이 하나 있는데, 견고함과 엄숙함이 육중한 외벽과 스테인드글라스 창으로 은근하게 새어 나오는 건물이다.

외출했다 돌아오는 길에 상례喪禮 치르는 일가를 만났다. 넓지 않은 성당 앞 주차장으로 몸집 큰 장의버스가 막 머리를 밀고 있었다. 장례미사가 있을 것이다. 어떤 이별인지, 어떤 돌아감인지 알고 싶다는 생각이 들었다. 그들이 겪는 비장감에 가까이하여 무거운 짐으로 여겨지는 내 삶이 새삼 소중한 선물임을 확인하고 싶다. 근무 중이었지만 꼭 봐야겠다는 충동을 누르지 못했다. 사무실전화를 휴대폰에 연결시키고 이층 성당으로 올라갔다. 계단마다 놓인 작은 꽃 화분들이 계절의 소매 자락을 잡아당기며 봄을 재촉하는 것으로 보인다.

이별은 담담하고 고즈넉했다. 고정된 기억 속의 감출 수 없는 애통함과 안타까움을 참지 못하던 격정은 없었다. 빈틈없이 고요하고 전례는 느리고 차분했다. 잠시 생각해 보았다. 지금 유일하게 누워 있는 저 자리에 내가 누워 있다. 뒤로 어떤 사람들이 와 있을까. 살아서 나를 알았던 사람들은 모여 무슨 얘기를 나눌까…… 눈앞이 흐려져 머리를 흔들며 시선을 집중해야 했다.

촛불이 켜졌다, 길다란 줄에 매달린 향이 앞뒤로 흔들릴 때마다 뭉클뭉클 품어져 나왔다. 연기처럼 사라질 것이다. 형체도 없이 애초에 없었던 듯이, 아무것도 아닌 것이 되리라. 그 사실에 위로를 받는 마음인지 슬픔이 가득 차는 마음인지 잘 모르겠다.

옆에 놓인 휴대폰으로 눈길이 갔다. 잠깐 사이에 부재중 전화가 와 있었다. 일 분이 채 지나지 않았다. 누굴까? 전화기를 만지작거리며 생각했다. 나를 묻는 사람이었을까. 다시 걸지 않을까

해서 기다렸지만 오지 않았다. 무수한 부재중 전화, 영원히 부재중으로 넘어가는 한 통의 전화, 다시 무수한 부재不在들.

잠깐 잠깐의 부재중에서 언젠가는 물을 수조차 없는 곳으로 돌아가게 될 존재하지 않음에 대한 생각이 줄곧 쫓아왔다.

여기 있다고 말하고 싶다. 이렇게 삐걱대는 계단을 오르며 보이지 않는 바람을 가리키고 있는 풍향계의 양팔을 올려다보고 있다고, 전화하고 싶다.

사진

시골집 거실 미닫이문 위의 벽을 따라 액자 여러 개가 걸려있다. 모양과 크기가 조금씩 다른 네모난 틀 속에는 지나온 가족들의 모습이 있다. 언니의 결혼식, 두 남동생 결혼식, 내 결혼사진, 몇 해 전에 있었던 아버지 회갑연 모습, 그리고 할머니 초상화. 그 사진들은 시골집에 내려갈 때마다 내 시선을 끈다. 새삼스러울 것이 없는데도 그 앞에 고개를 젖히고 서서 한참씩 바라본다. 네모난 사진 속에는 각기 다른 시간과 공간의 어느 한 순간이 정지된 채로 살아있다. 조금씩 낡아 가는 부모님의 모습이며, 시점에 품었던 이런저런 생각과, 되돌릴 수 없이 흘러가버린 세월의 쓸쓸한 기억으로 인해 대체로 마음이 상하게 된다. 그런 내 모습에 식구들은 뭘 그렇게 보냐는 듯 의아해 한다.

가장자리를 차지하고 있는 할머니 액자는 매년 제삿날에 잠깐 내려온다. 누군가가 그렸을 할머니 모습은 비슷하기도 하고 전혀 모르는 사람처럼 보이기도 한다. 썩 잘 그린 초상화가 아니라는 견해들이다.

할머니, 할머니를 생각할 때마다 별다른 마음의 동요 없이 담담하다. 한 세대를 건너 뛴 거리감이 그저 따뜻하고 변덕스럽지 않은 일관된 관계형성을 주었다. 엄마나 작은 어머니들이 느끼는 시어머니로서의 할머니는 분명히 다를 것이다.

아주 어렸을 적에 난 할머니 댁에서 지냈다. 또래 친구도 없이 대부분의 시간을 혼자서 보냈다. 발을 헛디디면 바로 논으로 떨어질 정도로 대문 가까이가 논이었다. 그 논둑길에 어쩔 수 없이 빠지며 집 뒤를 돌아 마을의 상여가 나가기도 했다. 시냇물이 마을 중간을 흐르고, 흙담을 따라 샛길로 빠지면 물을 길어먹는 샘이 있었다. 쥐띠인 할아버지는 알뜰하고 부지런하셨다. 할아버지의 띠를 기억하는 것은 재미있는 일이다. 그 당시에는 분명히 알 수 없었지만, 우리 가족은 할아버지의 구박과 눈총을 많이 받았다. 밥 먹는 것까지 아까워하셨다.

그런데 내게는 다르게 대하셨다. 할아버지는 나를 좋아하셨다. 내 성품이 남달랐기 때문이라는 친척 어른들의 설명을 여러 번 들었다. 미련하다 싶도록 잔꾀부리는 일 없이 시키는 대로 일을 거들고 무던하게 굴었다고 한다. 잎담배 냄새가 진하게 밴 사랑방에서 가마니를 짜는 할아버지를 돕던 일이며, 추수가 끝난 논바닥을 군소리 없이 따라다니며 벼이삭을 줍던 기억이 지금도 남아 있다.

좀 더 자라면서 아버지와 작은아버지 성姓이 다른 것을 알았다. 내가 친할아버지라고 생각했던 분은 친할아버지가 아니었다. 아버지 나이 열한 살 때 돌아가셨다는 친할아버지는 사진 한 장으로도 남아 계시지 않는다.

젊은 시절의 할머니는 결혼을 해서 아들 둘을 두고 지아비를 잃었다. 어린 자식을 데리고 살기가 막막하였을 할머니는 먹고사는 걱정을 면하기 위해 개가를 하셨다. 그리고 아들 둘과 딸 하나를 더 두셨다. 자식들이 성장하고 나이 많은 할아버지가 먼저 돌아가시자 할머니는 큰아들인 아버지를 따라 분가를 하게 되었다. 가진 것 없이 인천으로 나온 우리 식구와 살게 된 할머니는 작고 가벼우셨다. 고등학생이었던 난 할머니와 한 방을 썼고, 가끔 모시고 새벽미사에 다녀오기도 했으며 엄마 대신 차려주시는 밥상을 행복한 마음으로 받았었다. 다시 떠올려 봐도 할머니가 TV를 본다거나 할 일 없이 가만히 계시는 모습은 기억에 없다. 늘 일을 찾아 뭔가를 하셨고 움직이셨다. 새벽마다 일어나 주문처럼 기도문을 외우시곤 했는데, 끝에 '아멘'을 이상하게 발음해서 남동생과 나는 놀리듯 그 어투를 흉내내곤 했다. 할머니는 돌아가시기 전까지 시장에서 장사를 하셨다. 성당을 다니셨지만 개시 손님에게 받은 돈을 이마에 붙이시거나 새끼줄을 가지고 샤머니즘적인 행동을 하시기도 했다.

벽에 걸려있는 초상화를 제외하면 할머니 모습은 찾아보기 어렵다. 아마도 살아생전 유일한 나들이일 것이 분명한, 창경원 가서 찍은 두 장의 사진만이 낡은 앨범 속에 남아있을 뿐. 파란 비닐우산을 든 언니, 까까머리 남동생, 우산 대신 머리에 수건을 얹은 과일가게 아저씨 내외와 그 아들, 젊은 아버지, 젊은 엄마. 도시락으로 짐작되는 꾸러미를 각자 들고 엉거주춤 모여 찍은 사진은 실제보다 더 즐거운 모습으로 아주 잘 나왔다. 그 사이에 할머니는 한복 치마 끝이 젖을까 봐 바싹 추켜올려 허리에 묶으신 채 속바지와 고무신을 내보이며 서 계시다.

어디에서고 늘 있는 듯, 없는 듯 할머니는 계셨다. 이제까지 한 여자로서의 할머니 삶을 곰곰이 들여다본 적이 없었다. 엄마를 비롯하여 대체적인 평으로 비춰보면 할머니는 정 없이 매몰하고 냉정하신 분이다. 그러나 그분은 나름대로 최선을 다해 당신의 삶을 지켜냈을 것이다.

할머니는 갓 예순을 넘기신 나이로 내 결혼식을 몇 달 앞둔 시점에 돌아가셨다. 힘없이 벽에 기대어 할머니의 영정사진을 망연히 바라보시던 아버지의 얼굴을 떠올리면 지금도 가슴으로 울컥 뜨거운 게 올라온다. 할머니 제사에 참여한 지 오래되었다. 올해

엔 가볼 수 있을까.

영화 「봄날은 간다」에 나오는 상우할머니의 마지막 모습처럼, 고운 옷으로 갈아입고 양산을 들고 대문을 나서는 뒷모습 담긴 한 장의 사진을 그려본다.

한 끼 밥

비가 많이 내렸다. 내리는 빗줄기로 시선이 자주 가 닿았다.

부음을 전해 듣고 문상을 가기로 한 날은 공교롭게도 저녁에 회의가 있었다. 모이기로 한 시간을 맞출 수 있을지 걱정이 되었다. 회의 진행에 차질만 없으면 좀 무리해서라도 문상을 가야 한다고 마음이 시켰다.

죽음은 지극히 현실적이지만 또 아주 비현실적인 느낌으로 손 안에 분명히 잡히지가 않았다. 사실이겠지만 사실로 받아들이게 하는 어떤 과정이 필요했다. 그래서 모두들 정말? 정말인가요? 하며 되묻는 것은 아닌지 모른다. 죽음은 흔하고 일상적이었다고 다시 말한다.

며칠, 부모님이 계신 시골집에서 지내는 동안 동네에 빨간 지붕으로 불리는 건너 집의 엄마와 딸이 함께 죽었다. 물놀이 갔다 물에 빠진 딸을 구하려다 엄마까지 목숨을 잃고 만 것이었다. 햇빛 쨍쨍한 여름 한낮, 그 일은 동네 방송으로 알려졌다. 여러 번 반복해서 사고를 알리던 방송은 곧 사라졌으며 아무것도 달라지지 않았다. 동네는 여전히 조용하고, 여름 한낮은 나른하고, 사람들은 무심했다. 시내에 다녀오시던 어머니는 네 살 된 그 집 막내가 엄마를 찾으며 저렇게 운다고 지나가듯 말하셨다.

생각해보면 죽음은 시간처럼 일상처럼 지나가는 것인지도 모르겠다. 그냥 지나가 버리고 마는 것이라고 말해본다. 우린 얘기하고 기억하고 다만 더듬어볼 뿐이다. 살아서 죽음을 전혀 건드리지 못하면서 불쑥 죽음은 또 현실이 된다.

지금 머리가 몹시 아프다. 속이 울렁거린다. 살아있다. 난 살아서 가깝거나 먼 이들의 죽음을, 길을 가다가 맞닥뜨리게 되는 힘겨운 언덕길이나 어두운 터널로 잠시 만져본다. 그러다 어느 날 나도 그 터널이 되고 막막한 기억이 되어 나를 알았던 이들의 마음 언저리를 아프게 누를지도 모르겠다.

몇몇 지인과 함께 가는 차 안에서 그녀를 떠올려보았다.

"언제 밥 한 번 사겠다고 했는데, 영영 못 얻어먹게 되었네요."

어찌해서 밥 생각이 났는지 모르겠다. 그녀와 친분이 깊었다고 말할 수는 없지만 불현듯 그 예사로운 약속 아닌 약속이 생각났다.

그녀를 처음 만난 날이 일 년 전인지, 이 년 전인지 확실하지 않다. 그날은 토요일이었고, 그녀가 속해 있는 문학동인들이 인근의 산으로 야유회인가를 간다고 들었다. 같은 문학동인은 아니었지만 지인의 권유로 모이기로 했다는 체육관 앞으로 함께 갔었다. 대부분 오래 익혀 와서, 부담 없이 어울릴 수 있는 얼굴들이었다. 날씨가 활짝 웃는 낮이었고, 주차장 뒤로 넓고 길다란 계단

아래 자유롭게 모여 앉아 있던 낯익은 표정들도 덩달아 들떠 보였다.

가스안전공사와 연수원 사잇길로 들어서며 인사를 나누었다. 그녀는 반갑게 웃어주었으며, 글을 읽으며 상상했던 내 모습과 많이 다르다고 말했다. 체구도 크고 덩치도 꽤 있을 것으로 생각했다며 의외라고 덧붙였다. 그리고는 분명하게 기억나는 것이 없다. 산을 오르고 시원한 나무 그늘 아래 도시락을 펼쳐 진달래 꽃잎까지 띄워가며 막걸리를 마시는 동안에 이런저런 얘기를 섞었을 것 같은데 이상하게도 남아있지 않다.

그리고 얼마 지나지 않아서 그녀에게 원고청탁의 전화를 넣었다. 년간으로 발간되는 『시흥문화』에 수필 한 편을 부탁했다. 그녀는 겸손하였지만 적극적으로 응해주었다. 그리고 신중했다. 메일로 작품을 보여주며 여러 번 의견을 물었고 또 수정했다. 이미 발표된 수필과 보내온 글에는 내게 없는, 삶에 대한 따뜻하고 긍정적인 시선이 수다스럽지 않게 담겨 있었다.

책이 나오고, 얼마 되진 않지만 원고료 송금의 이유로 다시 통화를 했었겠다. 즐거운 마음이었다고 떠올린다. 그러면서 그녀는

"언제 밥 한 번 먹어요, 내가 살게요." 했었다. 그 일상적인 말이 주던 뿌듯함은 생생하다.

그녀는 음성이 가볍지 않고 항상 안정감이 있었다. 별로 자신을 드러내거나 나서지 않으면서도 자신의 위치를 잃지 않았다. 말을 듣거나 할 때 늘 진지한 모습이었고 열심히 배우고 싶어 하는 자세임을 느끼도록 했다.

일천한 그녀와의 관계에서 내게 남아있는, 나름대로 그려보는 그녀의 모습이다. 그리고 그녀를 병원 영안실에 놓인 사진으로 만났다. 오랜만이라고 말하고 싶은 아주 환하게 웃는 얼굴이었다. 영안실 주변은 분주했다. 그 장터처럼 분주한 가운데에서 난 밥을 먹었다. 그리고 속으로 말했다.

'약속한 밥 한 번, 이렇게 얻어먹었네요.'

돌아오는 길은 조용했다. 말들을 아꼈다. 비가 그치지 않았다.

마음이 사는 집

방문을 열면 마을 전체가 한 눈에 내려다보이던 그 집은 북향인 탓에 그늘이 많았다. 언제나 적당히 가라앉은 흐린 날의 잿빛이었다.

마을의 맨 위쪽에 자리 잡고 있어 버스에서 내려 한참을 걸어 올라가야 했다. 기찻길과 나란히 서있는 버스정류장 맞은편에 머리를 숙이고 들어가야 하는 낮은 지붕의 이발소와 구멍가게가 정류장을 쳐다보고 있다. 옆으로 조금 비껴서면 앞마당에 자갈이 고루 깔린 농협 건물과 커다란 철문이 달린 창고도 있다. 농업용수로 사용하는 하천 위 시멘트 다리를 건너 양쪽으로 펼쳐진 넓은 논과 밭 사이를 지나면 이마를 맞대고 있는 지붕들이 보인다. 저마다 텃밭을 끼고 마당 한쪽에 개집을 두고, 대추나무나 살구나무 한 그루쯤 낮은 담 너머로 고개를 내놓고 있는. 도시와 다르게 유난히 곡선이 많은 시골동네 집집의 대문들은 구부러진 길을 향해 바짝 붙어 부드러운 길 덕분이기나 한 듯 정다움으로 웅크리고 있다.

그 집이 있는 가파른 언덕길 바로 아래에 깊은 유래를 담고 있어 근방에선 꽤 유명한 커다란 우물이 하나 보이고, 거기서부터 산비탈까지 온통 옥수수 밭이다. 처음 그곳에 갔을 때가 겨울이었는데 베어진 옥수수 밑동과 여기저기 쌓여진 옥수수대 더미들이 황량한 겨울바람에 꽤나 쓸쓸해 보였다.

비스듬히 누운 사립문을 열면 마당 한쪽으로 높이 쌓아진 장작더미가 보이고, 사랑방에 불을 대는 시커먼 아궁이 옆으로 쓰러진 몽당 빗자루와 부지깽이가 있었다. 열 때마다 찌걱 삐걱 소리를 내는 나무 빗장 문 달린 부엌에는 뒤란 장독대로 나가는 조그만 쪽문이 하나 더 있었다. 그리로 드나드는 호젓한 뒤곁 풍경은 늘 조심스러웠다. 잡힐 듯 잡히지 않는 비밀스런 얘기를 담고 있는 분위기였다.

방안에는 구멍 숭숭 뚫린 창호지문이 뒤란과 부엌을 향해서도 나있었다. 장난삼아 열어보고 닫아보다 까닭 없이 시무룩해지기도 했다. 유년의 어느 날 낮잠이라도 자고 일어났을 때 집에 아무도 없다고 느끼는 순간, 느닷없이 밀려드는 한낮의 적막은 어둠보다 더 견고한 두려움으로 굳어졌다.

이십 년 넘은 도시생활을 정리하고 부모님이 고향으로 내려가 처음 자리잡았던 집은, 내게 그냥 단순한 주거만의 의미가 아니었다. 그 집은 어릴 적 할아버지 집과 외할머니 집을 고스란히 되살리며 까맣게 잊고 있던 일들을 꺼내 보였다. 또한 오래된 사진처럼 시간을 과거로 되돌려 겁쟁이에 경계심 많고 항상 뭔가를 거부했던 어린 여자아이와의 만남을 예고 없이 던져주었다.

일 년에 두어 차례 부모님 곁에서 며칠씩 지내기 위해 오가며 남다른 감상에 빠지던 그 집과의 인연은 그러나 짧았다. 부모님이 낡고 불편해서 또 그늘이 빨리 진다는 이유로 미련 없이 그 집을 떠나셨기 때문이다. 나무판자 두 개를 대 놓은 재래식 화장실 사용이며, 불편한 부엌일이며 아마도 오래 그 집을 겪었더라면 달라졌을 테지만 당시의 이별은 갑작스러웠고 그래서인지 몹시 안타깝고 서운하였다. 기회 있을 때마다 떠나온 집의 안부를 물으며 아쉬움을 달래곤 했다.

그러다 얼마 전 우연한 기회에 그 집을 가 보았다. 부모님은 주변 밭에 심은 고추를 따기 위해서였고 나는 떠나온 집을 한 번 만나보고자 하는 마음이었다.

살겠다는 사람이 없어 비어있는 그 집은 머리와 마음에 그리고 있던 정든 모습이 아니었다. 마당 가득 허리까지 자라 있는 잡초에 우선 놀랐다. 마른 먼지가 폴폴 날리는 봉당과 가지런히 놓여진 신발을 상상했던 댓돌 위도 온통 풀 천지였다. 사람의 손길과 입김이 사라진 빈집은 냉기가 흐르고 처연한 기운이 감돌았다. 괜한 두려움이 일어 선뜻 발걸음을 내딛지 못했다. 다른 무엇이 웅크리고 있을 듯해 방문이며 부엌문은 열어볼 생각조차 나지 않았다. 부모님은 별일 아니란 듯 밭으로 가시고 난 집 주변을 빙빙 돌기만 했다. 왜 상상과 다를지도 모른다는 생각은 한 번도 하지 않았을까. 반가움을 확신한 맹목적인 믿음은 어디에서 자라난 것일까. 다른 사람이 살고 있었다면 어떻게 보였을까. 그런 생각들을 두서없이 모았다.

집 뒤쪽에서

"여기 봐라!"

소리치시는 엄마의 목소리가 들렸다. 돌아가 보니 무성한 풀 사이 잘 보이지 않는 우미진 곳에 나뭇가지가 휘도록 붉은 앵두가 매달려 있었다. 덥석 반가운 마음이 들었다. 돌보는 이 없이 버려져서도 꽃을 피우고 열매를 열어준 것이 기특하고 고마웠다. 놀라움이 채 가시지 않은 마음에 그나마 위로가 되는 순간이었다. 팔이 아프도록 앵두를 따 왔다.

도시로 돌아와서는 한동안 우울했다. 이젠 다시 돌아갈 수 없겠구나 싶은 상실감이 있었다. 생각해보면 유년의 기억이 질기고도 집요했다. 이삼십 년 기억에도 없는 듯 잊고 살다가 다시 고향 근처를 지나다니게 되었을 때, 봉양면, 구곡, 공전… 이런 지명만

봐도 가슴이 두근거렸다. 강원도, 충청도 경계가 섞이면서 지금은 드물게 보이는 담배 건조실의 흙담이나, 산 중턱 터널을 뚫고 나오는 기차를 보면 가슴이 마구 뛰었다.

그것이 무엇인지 사실은 아직도 잘 모르겠다. 아마도 이제는 다시 돌아갈 수 없기에 고집스레 간직하고 있는 분별없던 첫 사랑에 대한 마음과 비슷하지 않을까, 그래도 가장 순수하고 완전했던.

비교하지 마세요

일어날 시간을 휴대폰 모닝콜에 입력한다. 그리고 두 번의 알람기능을 10분 간격으로 맞추어 놓는다. 아침 일찍 일어나는 일은 내게 치열한 싸움과도 같다. 단숨에 잠을 물리치고 발딱 일어나야 하는데 늦게 잠들고 늦게 일어나는 오랜 버릇이 굳어 몸이 말을 듣지 않는다. 이긴 것도 그렇다고 진 것도 아닌 잠시 휴전의 몽롱한 상태로 일어나서 방을 나와 가장 먼저 주방의 형광등 스위치를 누르고 라디오를 켠다.

높은 여자 아나운서의 음성이 튀어 오르며 미처 깨어나지 않은 집안의 공기와 부딪친다. 미지근한 머릿속으로 차가운 물줄기가 지나가듯 정신이 든다. 날씨를 얘기하거나, 지난밤의 사건 사고를 알리거나, 기운 나는 음악을 들려주기도 한다. 어쩌다 앞서는 일이 있어 라디오를 잊었더라도 오래가지 않는다. 누군가 어깨를 툭툭 치듯 금방 일깨워진다. 무겁게 가라앉았던 집안이 점차 활기 넘치고 시끌벅적해진다. 그 사이를 지나다니며 하룻날을 시작한다.

분명하게 말할 수 없지만 내 생각이라는 것을 하게 된 어디쯤에서부터 라디오에 대한 애착이 생겼다. 나만의 물건을 가져본 적이 별로 없어서 소유권에 대한 주장이 강하지 않은 편이지만 라디오만은 양보하지 않았다. 무언가 만족할 수 없는 일정부분의 결핍을 채우기 위한 노력과 도구가 각자 다르듯 내게 라디오가 그 역할을 한 듯하다.

몸체보다 더 큰 건전지와 함께 고무줄로 묶인 라디오를 처음 접하게 되었다. 새로 산 기억이 아니고 누구에겐가 얻었다. 음색의 선명함이 방향을 심하게 타서 창문 가까이나 전파가 지나는 길을 찾는다며 이리저리 옮기는 씨름을 많이 했다. 성능이 좋지 않아 음량을 높이면 잡음도 함께 커져 분명히 알아들을 수 없기 일쑤였다. 중학교 시절이 끝나갈 즈음, 우리 집에 처음으로 손잡이가 있는 카세트라디오가 생겼다. 전기와 건전지를 함께 사용하는 거였는데 신기함과 기쁨에 앞서 먼저 내 것임을 주장하고 싶은 마음이 들었다. 얼마동안은 온통 그 라디오 생각뿐이었다. 집에 오면 라디오 먼저 찾았고 움직이는 장소마다 들고 다녔다. 부엌과 방이 떨어져 있는 재래식 집이었는데 설거지를 하거나 빨래를 할 때도 가까이 틀어놓고서야 일을 했다.

한번은 친구들과 춘천 강촌으로 놀러 갔다. 바윗돌이 많은 강가에서 물놀이를 하다 친구 둘이 빠지는 바람에 놀라 뛰는 가슴을 쓸어내린 기억이 있다. 그날도 종일 카세트라디오를 들고 다녔다.

지금 돌아봐도 지나치다 싶게 생각되는 것은 잠들기까지 머리맡에 꼭 라디오를 틀어 놓았다. 끄고 잠을 청해야 하는데 그러지 않았다. 엄마는 매일 밤 혼자 열심히 떠드는 라디오를 몹시 지겨워하셨다. 낭비되는 전기가 아까운 것까지 더해 가슴에 못이 박히도록 꾸중을 들었다. 궁리하다 못해 이불 속에 라디오를 숨기고 자기 시작했다. 나중에 알아챈 엄마와 식구들, 어이없고 기가 막혀 했다. 입버릇처럼 엄마는 시집갈 때 전축이나 하나 해주고 말겠다는 말을 하셨고 난 정말 그 이상 바라는 마음이 없었다.

다시 생각해보니 라디오는 내게, 인내심 깊은 다정한 친구거나 언제까지나 변심 없는 애인 같았다. 뚜렷한 생김이나 이름으로 명명할 수 없는 젊은 날의 괴로움과 아쉬움으로 잠 못 들던 숱한 밤, 또한 막막하고 아득아득했던 겨울날 한 귀퉁이를 돌아보면 언제나 손닿는 곳 거기 그 자리에서 다정한 위로가 되어주곤 했다.

이종환의 '별이 빛나는 밤' 과 황인용의 '밤을 잊은 그대에게' 에 기대어 아득히 잡히지 않던 한 시절을 건너기도 했다. 정겨운 시그널 뮤직은 지금도 어쩌다 듣게 되면 심장이 툭 떨어지는 기분이다.

집에서나, 사무실에서나, 차 안에서 요즘은 FM방송 중 하나를 고정시킨 채 마냥 듣는다. 사무실에는 책상 위 모니터 옆에 라디오를 두었다. 때로 머리가 깨질 듯 복잡하여 라디오에게 화풀이하듯 꺼버리기도 한다. 그러나 얼마 참아내지 못한다. 내 의식 안팎으로 방송이 들락날락한다. 방송이 의식을 잡아끌기도, 의식이 방송을 밀어내기도 한다. 중증의 중독인 셈이다.

한 회사가 「바른 교육 큰 사람」이라는 캠페인으로 주제를 정해 일정한 반복으로 한 달씩 공익광고를 내 보낸다. 이 달은 부모가 자녀를 무심히 대하는 일상의 단면을 들려주는 내용인데, 감탄하고 말았다.

모멸적인 아버지의 목소리,

"니 친구 진욱이 보고 좀 배워라, 창피하지도 않냐? 응?"

담담하고도 차분한 여 아나운서,

"만약 아이가, 아빠를 옆집 아저씨와 비교한다면 기분이 어떨거 같으세요? 비교하지 마시고 잘못된 것만 바로잡아 주세요."

아버지의 목소리를 따라하며 빙긋 웃어본다.

부끄럽게도 내가 아들아이에게 자주 하는 말이다. 들을 때마다 그러지 말아야지 하고 반성하게 된다.

에피소드, 설날 전야

명절 전날, 아이들이 서울로 고모를 만나러 갔다. 버스 타기 쉬운 장소에 아이들을 내려 주고 특별히 드는 생각 없이 큰형님 집으로 갔다. 일방통행 도로는 한가했다. 아무 생각이 안 드는 것은 아니었다. 가로수를 지나고 전봇대를 보내고 인도 위 걷는 행인을 무심히 바라보며 지나치듯 끊임없이 따라붙는 잡념을 흘려

보냈다. 가끔은 신호등의 빨간 불에 정지하듯이 불쑥 솟구치는 생각에 절로 브레이크가 밟아지기도 했다. 중앙선이 끊긴 굴다리 아래에서 좌회전을 한다. S자로 굽은 오르막길을 잠깐 오르면 일반적이지 않은 형님 집이 그곳에 있다.

할 일은 없었다. 기름 냄새가 진동하던 명절분위기는 오래된 옛 이야기이다. 제사상에 올릴 최소한의 음식 준비를 마친 형님은 찹쌀부꾸미를 전기 팬에 올리고 있었다. 그 앞에 쪼그리고 앉아 몇 마디 나누었다. 조용한 집을 그나마 TV가 사람 사는 집처럼 만들어 주었다. 일부러 TV에 집중하려고 노력했다, 웃고 놀라워하고 뻔한 얘기 궁금해 하면서. 노력이랄 것도 없이 다른 할 일이 없으니 그러기가 쉬웠다.

서울에서 저녁을 먹고 내려오겠다는 아이들과 중간에 다시 연락해 만나기로 하고 서둘러 형님 집을 나섰다. 갈수록 혼자 있는 시간이 편해지고 그런 공간을 그리워하게 된다. 좋은 의미인지 그렇지 않은지는 모르겠으나 여러 사람을 상대하기보다 혼자를 견디기가 수월하다. 그러면서 스스로를 고립시키겠다는 우려와 관계에서 밀려날지 모른다는 두려움도 함께 생각한다.

겨울 밤 공기는 차고 상쾌했다. 몇 년 전만 해도 포도밭이던 주변이 손에 잡힐 듯 그려진다. 논이고 밭이었던 곳을 가로지르며 다져진 고속도로는, 마침 코앞이 통행료를 받는 곳이라 자동차 매매센터 앞마당 같은 분위기를 종종 구성한다. 무료한 낮 시간이라면 다양한 차종 구경으로 얼마쯤을 보낼 수도 있다.

두어 시간 공백이 있다. 찻집을 찾기도 자연스럽지 않은 날이다. 지척에 혼자 있을 게 뻔한 지인에게로 갔다. 아파트 주차장에 차를 대고 올라갔다. 커피를 한 잔 마시며 역시 또 다른 절친한 사이인 양 TV를 대하고 앉았다. TV를 오래 보면 바보가 되는 기분이라는 말을 하면서 계속 보았다.

문득, 집에서 개를 키워볼까 하는 생각이 났다. 가족 간의 대화가 많아진다는 지인의 얘기가 설득력 있게 다가왔다.

난 어떤 동물과도 친하지 않다. 살아 움직이는 동물은 경이驚異로운 대상으로 그냥 바라보고 지켜보는 것일 뿐, 한 공간에서 비비며 사는 일로 여기지 않았다. 넉넉한 마당이 있는 주택에서 혈통 좋은 풍산개 한 쌍 정도 기르고 싶은 마음은 품고 있다. 그러나 내 방과 거실에서 개하고 같이 생활하고 싶은 마음은 아무리 양보해도 잘 먹어지지가 않았다. 한번은 애들 성화로 이틀 정도 데리고 있어보았으나 역시 달라지지 않았다. 움직이는 동작이며 손대면 따뜻한 것까지 신기하기 그지없지만 신경이 쓰여 아무 일도 할 수가 없었다. 서너 번 사정하며 매달리던 아이들도 자라면서 단념을 하고 그 뒤로 우리는 '마당이 있는 집에서 살게 되면 기르자' 로 결론을 냈다.

말수가 부쩍 줄어둔 아들아이에게 신경이 가던 차이다. 요즘은 '응', '아니', 그 이상 말을 하려고 하지 않는다. 딸아이에게서 전화가 와 일어났다. 함께 집으로 가서 기쁜 소식 전하듯이 말을 꺼내봐야겠다고 생각했다.

앞서가는 마음을 진정시키며 차 앞으로 가보니, 다른 차에 막혀 나갈 수가 없는 상황이었다. 내 차는 정해진 주차공간에 있는데 그 차가 비정상적인 자세로 주차되어 있었다. 갑자기 마음이 조급해져 우선 전화번호부터 찾았다. 어두워서 잘 보이지 않았으나 십자수로 놓은 휴대폰번호가 있었다. 신호는 가는데 받지 않았다. 불안해지기 시작했다. 오늘이 명절 전날 늦은 오후이다. 이동할 일이 없을 거라고 생각하 주차한 것이면 어찌해야 하나. 아이들을 태우고 집에도 가야하고 내일 아침 일찍 차례를 지내러 큰댁에 다시 와야 하는데, 새해 첫날을 이렇게 맞이하게 되는 건 아닐까 등등, 걱정이 꼬리를 물었다. 기어를 중립에 두었을지 모르기에 차를 밀어보았다. 움직이지 않았다. 무거운 승합차여서 내 힘으로 안 밀리나 싶기도 하였다. 시간은 가는데 아이들을 무작정 기다리게 할 수 없어서 버스 타고 먼저 집에 가라고 말했다. 그리고 주변을 자세히 보니 옆에 주차된 차를 빼면 나갈 수도 있을 거 같았다. 그 차 안을 살펴보니 아무 연락처도 없었다. 절망絕望 비슷한 마음이 되었다. 다시 전화를 걸어 봐도 마찬가지였다.

혹시 어떤 방법을 내놓지 않을까 해서 지인에게 연락을 했다. "와, 차를 못 빼면 갈 수 없잖아"한다. 알았다고 우선 대답했으나 그럴 수는 없었다. 마음 편할 리 없을뿐더러 혼자서라도 할 수 있는 데까지 해봐야겠다는 생각이었다. 번화하지 않은 저층 아파트 단지라 어둡고 지나는 사람도 드물었다. 차가 들어오는 길로 아주머니 한 분이 지나가고 슈퍼에서 물건을 산 듯한 젊은 남자가 걸어오고 있었다. 다가가서 무조건,

"저, 죄송한데요. 저기 중간에 주차된 차를 저랑 한 번 밀어봐 주실래요?……"

"전화해보면 되잖아요"

"안 받아요"

"어느 찬데요"

처음 망설이던 눈치와는 달리 차 가까이로 다가왔다. 그러더니,

'어, 이 차 누구 거 같은데-' 혼잣말을 하며 주차장 앞 동의 어떤 현관으로 들어가 크게 누구를 불렀다. 금방 사람이 뛰어 나오고, 좀 전의 그 사람,

"우리 형 차예요" 하며 오던 길로 되돌아간다.

차 주인은 전화기를 진동으로 바꿔놓아 못 받았다며 연신 미안하단다. 이런 기막힌 우연이… 웃음이 절로 나왔다. 내 차가 빠진 자리로 주차 중인 그 차를 룸미러로 보며 기분이 환해지고 좋아졌다. 아이들은 집에 가 있고, 지인에게 차를 빼 가는 중이라고 전화했다.

오래된 달빛

본격적인 더위가 시작되면서 침대를 떠나 방바닥에 얇은 자리를 펴고 잠을 잔다. 양쪽으로 열리는 베란다 창을 한쪽만 열어두는데 그 열린 창문 방향으로 머리를 둔다. 우리 집은 아파트의 맨 꼭대기 층이라 해가 있는 낮동안은 몹시 덥다. 그래서 밤이 되어도 웬만하면 전등을 켜지 않고 가스불도 쓰지 않으려 한다. 다행히 아파트 주변이 도시 한복판이 아니고 지척으로 넓은 논과 야산이 있어 해만 지면 바람도 금방 식는다. 열기를 쏟아내던 태양이 지고 나면 같은 방안에서도 위치에 따라 온도가 다르다. 가만히 바람이 들어오는 창 쪽에 서면 더운 공기를 가르며 지나는 서늘함을 느낄 수 있다. 작은 그 차이의 발견이 새로워 선풍기도 틀지 않은 채 방안을 거닐며 차가운 물길과도 같은 바람의 길을 즐긴다.

며칠 전부터 열어둔 창밖으로 달빛이 언뜻언뜻 비치었다. 어젯밤엔 자려고 누우니 어두운 밤하늘 희뿌연 구름 사이로 얼굴만한 둥근 달이 창 가까이 내려와 있다. 살랑거리는 바람과 함께 혹여 말동무라도 해 주려는 듯 다정하게 보이었다. 하루의 노동을 마치고 피로한 몸을 누인 지상의 작은 한 점에서 까마득히 먼 우주 가운데 있는 달을 손에 잡힐 듯 마주 보고 있자니 형언키 어려운 감정이 일었다. 고즈넉한 슬픔과 나른한 무기력과 아늑한 편안함이 동시였다. 지구 주위를 도는 천체 중 하나인 저 달이 이 밤엔 오직 나만을 위해 떠서 심심한 안부를 물어오는 듯 그윽하였다. 얼굴을 훑으며 지나는 서늘한 바람, 내 창을 떠나지 않고

언제까지나 지켜줄 듯 보이는 달-

올여름 휴가 중, 우연히 가 보게 된 외할머니 집은 무성한 잡초 사이로 뼈대만 드러내놓고 있었다. 길도 없어져 남의 집 고추밭을 통해 가까이 가 보았다. 부엌 문설주와 뒷모습을 보이는 헛간 흙벽만이 어렵게 옛 집의 기억을 되살려 주었다. 부엌 뒷문으로 나가면 장독대가 있었고, 마루를 사이에 두고 안방이 있었고 쇠죽 끓이던 아궁이불이 드는 사랑방은 아주 작았다. 마당을 가로지른 외양간에 소가 한 마리 있었고 그 옆으로 농기구를 두는 헛간과 변소가 있었다. 눈도 안 뜬 강아지를 구경하느라 목 아프게 들여다보던 마루 밑에는 접혀진 장화나 부러진 호미자루가 먼지를 뒤집어쓴 채 뒹굴어 있곤 했다. 깊은 밤엔 승냥이 울음소리가 집 뒤 가까이까지 내려왔다. 여름밤 잠 안 자고 귀신 얘기하며 소리 지르다 외할머니한테 삼촌, 이모와 같이 회초리를 맞기도 했다. 8남매 장녀인 엄마에게는 나보다 나이가 아래인 외삼촌과 이모, 그리고 한 살 많은 이모까지 있다. 우린 그냥 친구처럼 지냈다.

땔감을 주우러 누비던 뒷산도 좀 낮아졌으나 그대로이다. 해만 뜨면 또래 외삼촌과 고기를 잡았던 냇가도 그대로다. 겨울엔 큰 해머를 들고 나가 흔들 수 없는 큰 돌덩이를 내리치면 돌 밑에 있던 물고기들이 기절해 떠오른다. 그걸 조랭이로 건져내며 추운 겨울날을 누볐다. 그럼에도 산골의 겨울 하루는 짧지 않았다.

그렇게 낮을 잘 보내고도 해질 무렵이 되면 금방 시무룩해졌다. 타의에 의해 온 할머니 집이라 해가 지면 엄마와 집 생각이 났다. 이모와 삼촌들은 그러니까 날 데리고 놀아준 거였다. 딴 생각이 들지 않게, 집에 가겠다고 울지 않도록…… 그러나 그런 노력이 닿을 수 없는 시간은 매번 돌아왔다.

해가 뒷산으로 저물며 어둠이 서산 반대편으로부터 밀려들고 하나 둘 동네 불빛이 켜지는 때. 우윳빛 달이 미처 깔리지 않은 어둠 속에 슬며시 모습을 드러낼 때면, 난 이제까지의 시간을 놓아버리고 갑자기 생각난 듯 돌아서서 마을 가운데로 뻗은 하얀 길만 쳐다보았다. 곧 터질 울음보를 꾹 참고 있는 걸 아는지라 누구도 아는 체를 하지 않았다. 서럽고 슬프던 그 저녁–

지금도 발을 헛디딘 듯 비슷한 감정으로 빠져들 때가 있다. 버릇처럼 가라앉고, 매사 이면을 짐작하고, 부정否定하게 된다.

어린 나의 기다림은 하얀 길 위로 기대했던 사람이 나타나 환하게 웃으며 마무리되지 않았다. 어둠이 더 깊어져 끝내는 길이 보이지 않게 되고, 몇 번 이름을 불러주던 외삼촌과 이모들도 잠이 들어 버린다. 난 기다리다 지친 채로 기다림을 포기하지 못하고 혼자 힘들게 잠이 들곤 했다. 그리고 새롭게 맞이한 아침, 눈부신 햇살에 힘을 얻어 다시 생생해지곤 했다.

큰외삼촌이 가족과 함께 논밭을 일구며 지키고 있어야 할 집은 서울 누군가에게 주인 자리를 넘겨주고 그냥 무너져 내렸다. 기억의 변방을 옮겨 다니던 내 유년의 한 시절도 따라서 힘을 잃고 비틀거렸다.

얼마 전, 아동학대 여러 유형 중 친척집에 아이 맡기기도 포함된다는 얘기를 스치듯 들었다. 아이들이 어릴 때, 정서적인 풍요로움과 단절되기 쉬운 조부모와의 친밀감을 심어준다는 생각으로 방학이면 시골로 보내곤 했다. 함께 지내다 오는 경우도 있었지만 아이들만 두고 오기도 했다.

"안 가면 안 돼? 엄마도 같이 있자." 그러면서 몹시 어두워지던 아이들 얼굴이 불현듯 떠올랐다.

비약하자면, 아이들을 위한다는 내 행위가 아동학대일 수 있다는 생각은 놀라움이었다. 깨닫지 못했던 그 잘못의 지적을 금방 수긍했다.

달빛이 그대로이다.

밤하늘의 달을 보면 어떤 생각이 드는 지, 문득 아이들에게 물어보고 싶다.

물차의 기억

지역의 한 기관에서 '세계 물의 날' 기념으로 책을 낸다며 글을 부탁했다. 평소에 잊고 지냈던 어느 한때를 덕분에 떠올릴 수 있었다.

결혼 초기 살던 동네에 한동안 물차가 다녔다. 상수도 시설공사를 막 시작하는 즈음이었을 것이다. 정해진 시간이 가까워오면 집집마다 물 받을 준비를 했다. 어른 서너 명이 들어갈 만한 커다란 고무통부터 작은 고무다라이까지 집 밖으로 나와 저마다 입을 벌리고 차례를 기다렸다. 아이들부터 간혹 남편들까지 골목에 나와 인사를 나누며 물차를 기다렸다. 그 귀하기만 하던 물을 땅바닥에 금 긋듯 줄줄이 흘리며 물차가 들어서고, 굵은 호수를 통해 순식간에 쏟아진 물이 출렁하며 금방 물통을 채우면 사람들은 배부른 듯 뿌듯한 표정으로 각자 흩어졌다. 움직이기 힘든 큰 통은 담 안쪽에 그대로 둔 채 물을 받았고 이동할 수 있는 작은 통은 집안으로 옮겼다.

하루에 한 번 다녔는지 이삼일에 한 번씩 다녔는지 분명하지 않다. 아무튼 그렇게 받아놓고 쓰는 물은 소중하고 귀하기 그지없었다. 한 방울이라도 그냥 흘려버리지 않게 아끼고 조심했으며 사용한 물도 다시 쓸데가 있을지 모른다는 생각으로 곧바로 버리지 못했다. 다음 번 물차가 올 때까지 써야하기 때문에 더욱 그러했다. 수돗물이 들어오고 주택에서 아파트로 이사를 한 후에는 그런 일이 있었나 할 정도로 까맣게 잊었다.

가끔 방송이나 현수막을 통해 단수예보를 접한다. 언제부터 언제까지 단수 될 예정이라는 공고문을 보게 되면, 그래서 크고 작은 그릇에다 단수기간 동안 사용할 물을 받다 보면 자연스레 그때가 떠오른다. 수도가 들어오고 언제든지 꼭지를 틀면 물이 쏟아지는 생활을 하면서 이제는 필요 없겠다싶어 버리거나 남 주었을 커다란 자주색 고무통이 생각나기도 한다. 그러나 하루 이틀 물이 나오지 않아도 예전처럼 곤란함을 겪지 않는다. 아파트마다 자체 물탱크가 있어 어느 때는 물이 끊어지는 지도 모르게 지나기도 한다. 아마 일반 주택도 비슷할 것이다.

아이들에게,

"내일 물 안 나온대, 아껴 써!"

라고 말하였는데, 다음날 아이들이

"엄마, 물 나오는데?" 하면 다행이면서 조금 아쉬운 기분이기도 하다.

다 그렇지는 않겠으나 넉넉하지 못한 어린 시절의 경험이나 어려운 일을 몸소 체험하면서 소중함을 알고 아껴 써야 한다는 생각을 하기가 쉽다. 그러나 지금 아이들의 경우 모두가 물질적인 풍요를 누리진 못하더라도 넘쳐나는 것은 눈으로 보며 살아가고 있다. 물의 예를 들더라도 수도꼭지만 틀면 쉬지 않고 쏟아져 넘쳐나는 물을 귀하게 알고 소중히 여기기란 결코 쉽지 않을 것이다. 하루 이틀이지만 물이 나오지 않아 바가지로 물을 덜어내 세수를 하고 머리를 감고 샤워는 하고 싶어도 참고, 그러면서 피부로 느껴봐야 물의 소중함을 제대로 알 수 있지 않을까 하는 생각으로 갖게 되는 아쉬움이다.

늘 곁에 있어 귀함을 모르는 공기나 부모의 사랑처럼, 물 또한 그렇다. 모든 생명의 근원으로 물 없는 세상이 존재할 수 없음은 모두가 잘 알고 있다. 그러나 아는 만큼 물의 고마움과 사랑을 실천하기가 결코 쉽지만은 않다.

전 세계적으로 물 부족현상이 깊어져 심각한 상황에 놓여 있는 나라의 안타까운 현실을 TV로 종종 본다. 어린이들이 마실 물을 구하기 위해 몇 시간을 걷기도 하고 구덩이를 파서 겨우 고인 흙탕물을 마시는 모습을 보면, 내가 아까운 줄 모르고 물을 쓰는 자체가 죄 짓는 일이라는 생각이 든다.

어릴 적 부모님께 들은 무서운 얘기가 하나 떠오른다.

"나중에 죽어 내세來世에 가면 이 세상에서 네가 쓴 물을 모두 마셔야 된단다. 그거 생각해 물 아껴 써라"

얼마나 끔찍한 얘기인가?

지금 아이들을 보면 아까운 줄 모르고 물을 낭비하는 것으로 보이듯이 내가 어릴 때, 어른들이 보기에 그랬던 모양이다. 겁을 주려고 과장한 얘기겠으나, 물을 아껴 쓰는 일은 이 세상에서 무엇보다 귀중한 생명을 나누는 아름다운 일이다. 그 생각을 모두가 언제나 잊지 않고 기억했으면 좋겠다.

두 갈래 길

39번 국도가 어디서 시작이고 끝인지 모른다. 우리 동네 앞을 지나는 신작로이며 내가 매일 출퇴근하는 길이고, 다니는 직장의 위치를 어느 지점의 39번국도 변이라고 설명할 때 입에 올릴 뿐이다. 주로 이용하는 도로는 몇 년 전 폭을 넓히며 새롭게 만들어졌다. 시청 앞을 지나며 시원하게 빠진 길을 처음부터 있었던 양 생각하며 다녔다.

오가는 길 중간에 사거리를 만난다. 안산 방향으로 갈 때는 억지로 고개를 돌려 봐야 하지만 거꾸로 그러니까 퇴근길이면 사거리로 모이는 건너편 길이 보인다. 그 사거리는 정확한 십자 모양이 아니라서 비스듬히 대각선을 이룬 길을 한쪽 방향에서 자연스레 볼 수 있는 것이다. 그 길을 사람들은 구舊길이라 부른다, 옛날 길. 그러고 보니 마을 깊숙이 다니는 버스는 여전히 옛날 길을 찾아든다. 나는 그 길을 '시골길' 이라 부른다.

띄엄띄엄 서 있는 가로등 불빛이 중간에서 만나지 못하고 어둠에 묻혀 흔들리는 건너편 그 길이 어느 날 밤 무심한 내 시선 속으로 들어왔다. 주변이 다 넓은 논이라 공중에 떠 있듯 보였다. 희미한 가로등 불빛, 키 작은 가로수가 그려주는 데로 가까이 오는 길이 더 없이 정겨워 보였다. 늘어진 전깃줄을 일정하게 받쳐주는 전신주도 다정해서 작정 없이 가보고 싶은 충동을 일게 했다. 그러나 낮은 등성이 뒤를 돌아드는 그 길은 이미 여러 번 밟은 경험이 있다.

그렇다면 시골길에서 이 길은 어떻게 보일까 궁금했다. 논둑

길 걷는 사람들을 간혹 눈여겨보며 건너다본 새로 난 길은 당당하고 힘차 보였다. 높은 가로등도 어깨동무하듯 머리 숙여 환하게 도로를 비추었다. 잘 생긴 모습의 길이었다.

우연처럼 그렇게 새로운 눈을 뜬 후, 종종 쓸쓸한 퇴근길에 프로스트의 「가지 않은 길」을 떠올린다.

–두 갈래 길이 숲 속으로 나 있었네/나는 사람의 발길이 드문 길을 택했고/그것이 내 운명을 바꾸어 놓았다네…

알 수 없는 미래에 대한, 돌이킬 수 없는 과거의 어느 선택에 대한 가정假定 물음을 끝없이 던져주던 시의 여운이 푸르게 살아 일어서곤 한다.

과거 한 시점에서 이랬더라면, 그러지 않았더라면… 하면서 전개되는 상황은 물론 픽션이다. 그런데도 그 허구의 상상력은 정신을 파고들며 고집스럽고 끈질기게 따라 붙는다. 가보지 않은 인생의 갈래 길에 대한 호기심과 아쉬움은 오랜 시간 동안 내 일상을 흔들었던 바람이었다.

그 뒤로 두 길을 이따금씩 번갈아 다닌다. 소박한 자기만족과 위로의 몸짓이 있음을 부인할 수 없다.

어느 날인가, 두 길을 한꺼번에 갈 수 없음을 섭섭히 여기며 한쪽 길을 지나 집에 오니 보일러 적색 점검 불이 깜박이고 있다. 집 안에 온기라고는 없다. 아침에 멀쩡하던 보일러가 영 작동하지 않는다. 수리를 문의하기도 늦은 시간이다. 여름 한 철을 빼고 항상 사용하는 전기장판이 있으나 마침 고장 나 전파사에 맡기기를 하루 이틀 미루고 있던 차였다. 선득거리는 발바닥의 냉기를 느끼면서도 배고픔을 해결하고자 식탁을 차렸다. 의자에 앉았으나 배고픔을 해결한 뒤에도 여전할, 안온하지 않은 휴식공간이 식욕을 잃게 했다. 시계를 보니 많이 늦은 시간이 아니다. 어쩌면 전기장판 스위치를 고쳐 올 수 있을지 모르겠다싶어 밥과 반찬을 대충 덮어놓고 차를 몰아 나갔다. 전파사가 있는 어두운 골목을 들어서니 몸을 구부려 앉은 아저씨가 마침 가게 문을 잠그는 중이었다. 아저씨를 만난 것만으로도 반가워 차 유리를 내리고 인사부터 했다. 한 번 면식面識이 있는 아저씨는 차 먼저 대라고 했다. 틀림없이 고쳐놓고 내일은 늦더라도 올 때까지 기다릴 테니 맡기고 가라신다. 차마 지금 당장 고쳐달라는 말을 못하고 더욱 기운이 빠져 집으로 돌아왔다. 배고픈 것보다 추운 게 더 싫은데… 그러면서 침대 위에 얇은 캐시밀론 이불을 두 겹으로 깔고 또 두 겹을 덮고 몸보다 마음이 더 추운 하룻밤을 우울하게 넘겼다.

다음날 열 일을 제치고 고장 난 보일러를 수리하고 퇴근하면서 전기장판 스위치까지 찾아왔다. 어제와 사뭇 다른 오늘이다. 사람을 반기는 따뜻한 온기가 가득하고 침대 위 전기장판에 손을 대니 데워진 옥 장판이 짜릿하기까지 하다. 웃음이 절로 나오며 아, 좋다. 행복하구나. 이런 말도 덩달아 저절로 나왔다.

생각해 보면 오늘의 이 충만한 기쁨은 어제의 불편이 가져다 주었다. 어제의 버려진 듯한 외로움과 추위가 아니었다면 늘 있는 당연한 일상일 뿐 이렇게까지 따끈따끈한 행복을 느끼진 못할 것이다. 인생이란 얼마나 어려운가.

예기치 않은 불편한 일들은 어쩌면 지루하도록 밋밋한 일상이 더 없는 행복이란 걸 알려주기 위해 일어나는 것인지도 모른다. 나쁜 일이 꼭 나쁜 일만은 아니라는 것, 억지스런 이 말은 오늘에 최선을 다하고 불확실한 내일을 버티기 위해 힘들게 찾아 얻은 나름의 지혜이다.

가보지 않은 길이 아픔은 아니다. 오늘, 시야가 어둡고 노면이 고르지 못한 시골길을 지나 퇴근한다. 깔끔하게 차려입은 근사한 신도로를 감탄하며

"저 길 봐, 멋있지? 저 길에서 보면 이 길은 또 얼마나 예쁜데" 목소리가 뜬다.

"또 그 소리야" 시큰둥한 대답이 돌아온다. 이 정도 대화를 나누면 사거리에 닿는다. 짧은 거리이다.

두 갈래 길은 사거리에서 하나가 되어 새로운 길로 이어진다.

자유롭고 정의로운

아들아이는 올 4월 생일을 지나며 만 19세가 되어 법적으로 성인이 되었다. '법적'을 덧붙이는 이유는 엄마인 내가 도무지 모든 사회적 책임을 스스로 감당해야 할 성인으로 그 아이를 받아들이지 못하는 데 있다. 눈에 보이지 않으면 불안하고 걱정되어 마음이 놓이지 않는다. 딸인 큰아이와 대조를 보이는 그 마음은 스스로도 의아스럽기만 하다.

막연하게만 여기고 있던 입영문제가 코앞에 닥쳤다. 이 나라 남자로서 군대는 선택사항이 아니다. 특별한 경우를 제외하고 필해야 하는 강제의무인 것이다. 일부이지만 사회적 물의를 일으키는 입영관련 뉴스를 심심찮게 접하며, 아들을 군에 보내야 하는데 있어 마냥 자랑스럽고 영광스럽지만은 않았다. 순전히 매도 먼저 맞는 게 낫다라는 심정으로 아이와 입영문제를 상의했고, 육군모집병 지원을 하고 3개월만에 입영통지서가 나왔다.

한동안 밤낮을 바꾸어 생활하던 아이가 입영 전날 긴 장발머리를 짧게 깎고 들어왔다. 다음날 입영일 아침, 친구 녀석 셋이 같이 가겠다며 집으로 왔다. 뒷자리에서 친구들과 계속해서 웃고 얘기하더니 춘천 102보충대 이정표가 보이면서 말이 없어졌다. 부대 근처 식당에서 점심을 먹고 나서는 연신 화장실을 들락거렸다.

누구나 혼자가 아니라는 데서 위안을 받을 것이다. 젊은이들, 가족들, 그들이 타고 온 자동차들까지 정말 많았다. 우리들은 102보충대 뒤편 돌계단을 이루고 있는 아름드리 나무그늘 아래로 안내되었다. 가족들과 장병들이 자유롭게 앉는 가운데 정시에 입영식이 시작되었다. 모두 일어서고 국기에 대한 경례와 맹세가 이어졌다.

–나는 자랑스런 태극기 앞에, 자유롭고 정의로운 대한민국의…

무의식에 있던 '조국과 민족의…' 를 밀어내며 나온 '자유롭고 정의로운' 이 날아오듯 뭉클하게 가슴에 와 닿았다. 그건 벅찬 감동 같기도 하고 울컥하는 서러움 같기도 했다. 높은 계급의 군인이 차례로 나와 궁금하게 여길 부대생활의 이모조모를 들려주고 헤어지기 전 「부모님 은혜」 노래까지 불렀다. 젊은이들이 먼저 계단을 내려가 운동장을 가로질러 한 건물로 들어가는 걸 보며 가족들은 발길을 돌렸다. 아들은 뒤 한번 돌아보지 않았다.

돌아오는 길은 아침을 거른 빈속에 조심한다고 먹은 점심이 체해 마음보다 몸이 더 괴로웠다. 불편한 속은 여느 때보다 오래 끌며 더디게 나아졌다.

아이가 움직이는 상황은 3일째부터 문자로 알 수 있었고 5일째 군용소포가 도착했다. 신발, 속옷 등과 함께 넣어보낸 편지에는, 어머니로 호칭이 바뀌어 있었다. 얼마 되지 않아서인지 어머니도 그립고 평상시 생활로 돌아가고 싶다고 했다. 지금 자신이 있는 창문 너머로 엄마와 삼촌과 친구들이 앉았던 돌계단을 볼 때마다 가슴이 찡하다고 했다. 평상시 있었던 아주 사소한 일들도 그립고 소중하게 느껴진다고도 했다.

그렇게 3주, 20일을 넘기고 있다. 그동안 가슴에서 머리로 올라온 '자유롭고 정의로운' 단어와 공연하고도 쓸데없는 실랑이를 했다.

이 땅은 과연 자유롭고 정의로운가- 이 물음이 떠나지 않았던 것이다.

훈련병 기간 중에 인터넷으로 편지를 보낼 수 있다. 매일 답장 없는 편지를 쓰며, 낯설고 두려운 변화에 충돌 없이 적응하길 바라는 마음과 그동안 전하지 못했던 애정을 표현해 본다. 더욱 단단히 다져지고 부쩍 성숙해진 진정한 어른의 모습을 그려보기도 하면서. 헤어지기 전 한 번 안아주지 못한 것이 내내 후회되는데 첫 면회 때는 반드시 안아주리라 다짐도 하며……

주변인 이야기

1.

이즈음은 이천휴게소 지나자마자 중부내륙고속도로를 타고 감곡으로 빠져서 38번 국도로 제천을 간다. 자주 비에 젖은 초록은 양껏 싱그럽고 날씨는 청명하다. 국도는 정겨우며 다정하다. 소박하고 겸손한 여유로 넘친다. 자동차도 느긋하다.

거위 식구가 한 마리 늘었다. 눈치 없이 시끄러워 미움을 잔뜩 사고 있었다. 시골에 오면 머리는 단순해지고 낮잠은 달콤하기 그지없다. 20년 넘은 세월을 뛰어넘어 그가 내게 한 첫 마디는

"똑같네 뭐-" 였다.

그에게는 이제 새삼 들추기조차 민망한 상처가 문신처럼 남아 있다. 나 역시 말하지 않아도 모두가 아는, 차마 드러내 묻지 못할 뿐인 남들 하나씩 다 지닌 그렇고 그런 사연이 있다.

상처 있는 사람은 상처 있는 사람을 알아본다. 그건 본능에 가까운 감각인 듯하다. 제천시내에서 그는 첫날에 오고 다음날에 오고 그 다음날에도 왔다. 둘째 날 온달관광지를 찾아, 드라마 「연개소문」 촬영장과 온달동굴을 구경했다. 셋째 날은 영화 「웰컴투 동막골」과 「봄날은 간다」 촬영지로 안내했다. 정선 아우라지 강가에서는 팔이 아프도록 물수제비뜨기를 보여주었다.

"멀미는 안 해요?" 물었고

"아직도 음악 좋아해요?" 물었다.

솔치재를 비롯해 구불구불 산길이 깊고, 눈이 푸르게 물들 정도로 녹음은 짙었다. 어질어질하도록 고개를 넘어와서 간단히 맥

주를 마셨다. 적당한 피로와 취기가 몰려왔다. 잠이 막 들었다. 거실에 앉은 동생이 몇 번 부른다.

"누나, 형이 좋은 꿈꾸래- 문자 왔어"

한동안 소식이 끊겨 죽었다는 소문까지 났었다. 영영 못 볼지도 모르겠구나 생각했었다.

고등학교 때 만나 정들어 사랑한 여자와 집안의 반대로 힘들게 헤어진 후, 남들처럼 쉽게 지우고 잊어버리지 못해 마흔 넘어까지 혼자인 그는 이모의 아들이다.

2.

어른이 되어 분석해 본 올해 일흔이신 아버진 천성적으로 심약하신 편이다. 커다란 포부를 꿈꾸는 일조차 처음부터 품어보기 어려운 환경이었고, 욕심이나 경쟁의식도 강하게 드러내지 않으셨다. 결정적인 순간에 현실적이 되지 못하고 결정적인 순간에 매번 낭만적이 되어 버리는 것이다. 이 부분에선 나도 아버지를 닮았음을 고백한다.

고혈압 약을 장기복용중인 아버지는 회갑을 맞아 당신이 칠십을 보게 될지 자신이 없다며 환갑잔치를 원하셨다. 제천의 한 예식홀을 빌려 친구 분들과 동네사람들, 친지들을 초대했다.

엄마는 남들에게 쉽지 않은 인상을 주는 차가우면서 단정한 외모이시다. 엄마에게는 네 명의 여동생과 세 명의 남동생이 있다. 큰외삼촌은 엄마의 둘째 동생이다. 청년시절엔 인물 좋기로 동네가 다 인정했다. 그런데 술만 들어가면 개가 되었다. 결혼하면 나아지려니 했으나 달라지지 않았다. 마누라를 패고, 살림을 부수고 아무하고나 시비가 붙어 싸움을 벌이면 피를 보기 일쑤였다. 가산을 탕진하고도 정신을 차리지 못했다. 견디다 못한 외숙모가 아이들을 데리고 집을 나간 후, 외삼촌의 행티는 더 심해졌다. 모두가 자기를 싫어한다는 것을 누구보다 잘 안다. 술만 마시면 형제들을 찾아가 난동을 부렸다. 형제들은 치를 떨며 어디 가서 쥐도 새도 모르게 죽어버리면 좋겠다는 막말을 내기도 했다. 몇 달 술을 안 먹어 정신을 차리려는가 싶다 또 한 건 사고를 쳐 혹시나 품었던 기대를 무색하게 만들었다. 사고를 일으키는 만큼 본인도 당해 깨지고 부러져 반 불구가 되었다. 한동안 보이지 않으면 불안해하면서도 다행으로 여기고 그러면서 또한 불안해했다.

아버지의 흥겨운 회갑연에 아무도 초대하지 않은 외삼촌이 나타났다. 맨 정신으론 용기가 안 났을 거라고 난 생각했다. 몸도 잘 가누지 못하면서 사람들과 부딪쳤다. 끌어내려는 사람, 말리는 사람 그 틈으로 여섯째인 이모의 얼굴표정을 보았다. 음식을 들던 자리에서 일어나 두어 걸음 뒤로 물러서며 몸싸움하는 친오빠를 바라보는 그 눈은, 사람이 사람을 보는 눈빛이 아니었다. 그렇다고 분노나 경멸이 섞인 눈빛도 아니었고 얼굴을 조금 찡그리며 들고 있던 젓가락을 내려놓았다. 난 대성통곡이라도 하고 싶은 심정이었다. 말 없는 표정에서 읽히던 그 비애감을 잊을 수가 없다.

2007년 여름, 휴가를 내서 시골에 내려간 날이 공교롭게 초복이었다. 큰외삼촌이 와 있었다. 엄마 아버지가 입을 맞춘 듯하시는 말이

"술 안 먹으면 멀쩡해, 괜찮아-" 였다.

복날이라고 아버지께 고기를 사 왔다는 거였다. 가까이 사는 형제들을 챙기며

"내가 부르면 안 오니까 누님이 전화해요." 했다.

술을 안 마신 지 8개월 되었다고 한다.

큰외삼촌은 50년 가까이 하나도 변하지 않은 제천 서부시장 뒷골목, 나와 내 동생이 태어난 집 바로 옆집에 세 들어 살고 있다.

3.

생각해보면 이 사전적 의미의 '주변인*' 가운데 내가 있다. 자기비하적인 해석으로 보지 않으면 좋겠다. 자라면서 어떤 선택 앞에 놓이면 늘 혼란스러웠다. 망설이며 주춤거리다 선택의 기회를 잃거나 떠밀려 어영부영 섞여졌다. 그건 우유부단한 성격과는 다른 좀 더 근본적인 문제였다. 물론 언제나, 항상, 처음부터는 아니었다. 아니 어쩌면 처음부터였으나 처음부터였다는 걸 이제야 알아챘는지는 모르겠다. 사람에 대한 기본적인 신뢰나 존재에 대한 자각을 성년이 되어서도 세우지 못했다.

왜 이런 생각을 이제야 하는가, 무슨 소용이 있다고.

---

* 주변인 : 신체적 성질, 언어, 의복, 습관 등의 차이로 하나의 사회 집단에도 완전히 소속되지 못하고 다른 것으로도 되지 못하는 사람.

말했듯이 언제나 늘 그렇지는 않다. 때로는 굳건한 사회 집단에 성공적으로 자리 잡은 듯한 기분일 때도 있고 얼마든지 낙오되지 않고 그들의 뒤를 따를 수 있을 자신감도 갖는다. 진정한 '성공'이나 '낙오'의 정의에 대해 이런 것이다라는 확신은 아직 역시 없지만.

그러면서 모든 부질없음의 근원 같은 무기력에 자주 붙들린다.

'주기적으로 눈 뜬 장님처럼 만들어버리는 이 미망을 벗어날 수만 있다면 지금보다 훨씬 행복하고 보다 많은 성취를 이룰 수 있을 텐데–'

이런 생각을 끼적이게 된다.

내 생년월일은 1966년 1월 25일이었다, 주민등록번호가 660125로 시작했으니까. 사회생활을 시작할 나이가 되었을 때 법적인 제약이 있었다. 1980년 부모님이 청주지방법원 제천지원에 정정 허가신청서를 내어 1981년에 1962년 9월 30일로 생년월일이 정정된다. 스무 살, 치과의사의 소견서가 필요해 병원을 찾았던 어느 날의 날씨는 맑음이다.

궁금한 생각에 기회 있을 때마다 물어보았었다. 옛날엔 그런 일이 많았다는 대답을 들은 것 같고 그런 줄로만 알아 왔다. 엄마는 지긋지긋하게 살기 어려웠다는 말과 함께 낯빛을 찡그리시며 매번 옛날이야기 하기를 싫어했다.

지난 여름휴가 때이다. 이런저런 대화 중 자연스럽게 당시 얘기가 화제에 올랐다. 1960년대 우리 가족을 둘러싼 환경은 척박하기 이를 데 없었다. 시대적 상황이기도 하였겠으나 유독 복잡하고 막연하였던 것으로 보인다. 당시 제천 서부시장 뒷골목 동네에 용하기로 이름난 점쟁이가 있었단다. 하도 용하여 무슨 별명까지 붙여 불렀다 한다. 내가 태어났을 때 그 점쟁이가 얼마 못 살 명줄이니 출생신고할 필요 없다는 말을 했단다. 그리고 1965년 5월 27일 남동생이 태어났다. 아들인 남동생을 제대로 출생신고 마치고 잔병치레 많았으나 여전히 살아 있었던 난 뒤늦게 남동생의 동생으로 출생신고서에 오르게 되었다. 우리 나이로 5살이 되어서야 정식으로 부모님의 자식이 된 것이다.(서류상으로 봐서)

달라질 거 하나 없는 지난 얘기이나 내겐 아니다. 안개 걷히듯

선명해지는 무언가 있다. 조금 더 자신을 쓰다듬을 수 있을 것 같다.

가까운 사람 중에 무속인이 있다. 직장의 특성상 무속인을 대할 일이 드물지 않게 생긴다. 카톨릭 신자라는 인식도 있었을 테지만 단 한 번도 그들의 능력을 신통하게 여기거나 알 수 없는 미래에 대해 묻지 않았다. 그저 조금 남다른 직업, 색다른 관심을 가진 사람으로 치부했다. 이제야 말이지만, 내가 그들을 어떻게 우습게 보지 않을 수 있겠는가.

2부

길 위에서

길 위에 서다, 중국여행

1.

세월이 약이다. 영원한 것은 없다. 피할 수 없으면 즐겨라. 지난 일은 모두 그리워진다….

이런 문구를 수시로 자신에게 암시처럼 되새기곤 했다. 내 생활과 존재의 근간根幹이 송두리째 흔들리며 부정되었다. 끊임없이 질문을 던졌고 생각했다. 기대와 짐작이 늘 어긋나고 빗나가던 즈음이었다. 그로부터 몇 년의 시간을 지나왔다. 구체적인 현장감은 희미해졌다.

여행은 내게 새로운 발견이나 얻음이 아니라 내 안의 무언가를 잃지 않으려는 안간힘이었다. 극기 훈련에 가까웠던 당시 여행이 오래도록 나를 서있게 할 것이다.

다시 돌아올 것이 분명했으나 마음은 그렇지 않았다. 냉장고 옆면에 가까운 사람의 전화번호를 붙여놓고, 도움을 청할 일이 생기면 연락하도록 아이들에게 일러두었다. 기세등등한 여름 햇볕에 더욱 기가 질리는 한낮이었다. 동네 정류장에 정차한 버스를 타고 전철로 갈아탄 후 다시 이동해 오후 5시, 인천 연안부두 국제연안여객터미널에서 중국 단동까지 가는 동방명주호에 입선했다. 수십 명이 함께 들어가는 선실이었다. 칸막이도 없이 베개, 매트리스, 이불 하나씩 차지했다. 휴대폰이 끊기기 전, 아들아이와 통화했다. '잘 갔다 와-' 흔한 말이 유난히 무겁게 가라앉았었다고 기억한다.

12시간 넘게 배에서 보내야 했다. 짐을 줄이기 위해 읽을거리를 챙기지 않았다. 옆자리를 보니 『시골의사의 아름다운 동행』이 나와 있었다. 그 책을 빌려 몇 번 목을 넘는 뜨거움을 삼키며 단숨에 읽었다. 배가 먼 바다로 들어서며 움직임이 커졌다. "혼자 오셨어요?" 하는 말을 여러 번 들었다. 감탄과 부러움의 한 마디씩을 들으며 각각의 인식에 대한 다름과 먼 거리를 느꼈다. 내가 혼자인 여행객을 만난다면 그는 얼마나 큰 혼란 중에 있을까 먼저 생각하게 될 것이다.

2.

이번 여행은 크게 백두산 서파코스, 고구려유적지, 압록강을 답사하는 일정이다. 지역으로는 요녕성의 심양과 단동에서 길림성의 통화, 집안(424년간 고구려의 수도였던 국내성)까지 오가게 될 것이다. 심양은 중국에서 북경, 상해, 천진에 이어 4번째로 큰 도시이며, 단동은 압록강을 사이로 북한 신의주와 마주보고 있는 도시이다. 중국 동북공정의 중심이 되고 있는 지역인 셈이다.

온전히 관광에 몰입하기가 쉽지 않았지만 낯설음과 새로움이

주는 긴장과 자극이 생각보다 앞서 본능적으로 단순하게 움직이도록 만들었다. 잠에 들었으나 의식의 반이 깨어있는 반수면 상태로 밤이 지나고 새날이 밝았다. 배에서 아침을 먹었다. 모든 게 조심스러운 마음이었다.

배에서 내린 후, 단동 항의 출입국관리소까지 버스로 이동을 했다. 중국경찰인 공안이 촬영을 금지하며 지키고 있었고, 그리 멀지 않은 거리를 한 대의 버스가 되풀이 왕복하는 듯 했다. 멀쩡한 의자 하나 없이, 곧 엔진이 멈출 것처럼 불안해 보이는 데다 귀가 멍하도록 소음이 심한 늙은 버스가 앞으로의 험난한 일정을 말해주는 듯 했다.

북쪽이라 더위가 심하진 않았다. 버스에 올라 대학생 가이드와 인사를 나누고 식사 장소로 이동했다. 중국 음식은 우선 넉넉한 양에 놀란다. 음식에 대한 호기심이 발달하지 않은 편이라 낯선 요리는 아예 먹어볼 용기가 안 난다. 성분 파악이 확실히 되는 것과 맛이 괜찮다며 먹어보라고 권하는 음식만을 조금씩 맛보았다. 남은 음식 처리를 어떻게 하는지 식사 때마다 괜한 걱정이 들곤 했다.

많은 시간을 이동하는 버스에서 보냈다. 다리운동을 하기 위해 길가에 잠간씩 정차하기도 했으나 5~7시간씩 버스 안에서 보내야 했다. 주 농작물이 옥수수인 이곳답게 끝이 보이지 않는 옥수수 밭이 이어졌다. 시골길엔 소 떼와 양 떼가 자유롭게 버스를 가로막아 멈추거나 피해가고, 개울에 나와 빨래하는 사람도 보이고, 빨간 지붕을 얹은 똑같은 모양의 집들이 일정간격으로 나타났다 사라졌다. 하루에도 몇 번씩 비가 내리고 그쳤는데 도로에 물이 빠지지 않아 잠깐 내린 비에도 엉망이 되었다. 차들은 중앙선을 지키지 않았고 안전벨트가 없었다. 점잖은 식당 안에서도 남자들은 보통 웃통을 벗은 채였다. 여기선 지극히 자연스러운 모습이라고 한다.

멀리로 고구려의 첫 수도 오녀산성이 보이는 곳에 버스가 정차하고 근처 농가의 화장실을 신세지게 되었다. 두세 사람이 들어갈 수 있는 화장실에 칸막이가 없었다. 난처하고 민망하였으나 도리 없이 나란히 앉아 급한 일을 해결하기도 했다.

버스는 몇 번씩 자고 일어나도 달리고 있었다. 나중엔 절로 신음이 나왔다.

3.

중국은 광개토왕(의도적으로 대왕이라는 칭호를 쓰지 않음)비와 능을 2004년 유네스코 세계문화유산에 신청 등록했다. 광개토대왕릉은 전혀 관리가 되고 있지 않아 보였다. 입구에 장사치 느낌의 조잡한 기념품을 파는 상점 몇이 있고 넓은 주변은 마구자란 풀밭이었다. 버려진 야산처럼 보이는 능의 위쪽 석관 입구까지 계단으로 오르는데 그곳은 촬영을 금하고 있었다. 사면 유리로 보호하고 있는 비석 아래에는 관광객이 던진 여러 나라의 동전과 지폐가 흩어져 있었다.

광개토대왕릉은 아들인 장수왕릉과 서로 바라다 보인다. 혹자는 장수왕릉의 규모로 보아 왕이 아닌 당시 어떤 장군의 묘일지 모른다는 추측을 하기도 한다. 장수왕 둘째 부인의 지석묘도 장수왕릉 바로 옆으로 있다. 첫째 부인은 왕과 함께 합장했다고 한다. 답사에 참가한 많은 사람들이 안타깝고 착잡한 심경을 드러내며 발걸음을 옮겼다.

중국이 만리장성의 동쪽기점이라고 주장하고 있는 호산장성에 대해서도 의견이 분분했다. 가이드가 고구려 연개소문이 축조

한 천리장성의 일부라고 설명한 이 호산장성은 고구려가, 수나라와 당나라의 침입에 대비하여 압록강을 방어하기 위해 전략 거점으로 쌓았던 '박작성' 인 것으로 여러 조사에서 드러나며 방영되기도 했다.

중국은 1990년대부터 압록강 변에서 만리장성의 흔적을 찾다가 박작성과 함께 고구려 유물이 발견되자 이를 서둘러 은폐하고, 그 자리를 가짜 만리장성의 동쪽 끝으로 둔갑시켜 완공을 하였다. 그리고 명나라 때 건축한 것이라며 호랑이가 누운 형태라고 하여 '호산장성' 이라고 부르고 있는 것이다. 중국은 이 성을 대대적으로 복원하면서 옛 자취를 찾아보기 어렵게 만들었다.

입구에 들어서니 빠른 리듬의 한국가요가 크게 흘러나오고 있었다.

'바꿔, 바꿔, 모든 걸 다 바꿔……' 우연일지 모르나 어이없어 서로 쳐다보며 웃었다.

근접한 거리에 중국과 북조선이 한 발 차이라는 '일보화' 가 있다. 군인이 날카로운 눈빛으로 경계근무 중인 뒤 좁아진 강폭이 서로 닿을 듯했다. 돈을 내면 나룻배로 강줄기를 한 바퀴 돌아볼 수 있다는 말에 내려가다 가이드가 말리는 바람에 그만 두었다. 일행 중 한 사람이 몰래 촬영을 하다 군인에게 카메라를 뺏기는 일도 생겼다. 옥신각신하다 요구하는 만큼 돈을 주고서 겨우 카메라는 돌려받았다.

6.25 때 끊어진 압록강 철교와 유람선을 타고 둘러볼 수 있었던 북한의 방산(만포)마을, 얼마 기간을 계약으로 나와 있다는 북한 식당 등에서 자연스레 북한의 상황을 짐작할 수 있었다. 산들은 모두 민둥산이고 산꼭대기까지 밭을 일구고 있는 모습이 보였다. 목숨을 걸고 강을 건너 중국으로 넘어오는 일이 이어지고 있다고 한다.

4.

백두산 천지는 일 년에 70일 정도만 볼 수 있다고 한다. 천지를 볼 수 있는 행운이라도 주어졌으면 하는 마음이 간절했다. 새벽 4시 30분에 일어나 6시 백두산(장백산)으로 출발했다. 시간을 단축하기 위해 점심은 도시락으로 해결했다. 가는 빗줄기가 오락가락 했으나 날씨는 하루에도 몇 번씩 달라진다고 했다. 버스로

오를 수 있는 데까지 오르고는 내려서 걸어야 했다. 우비를 하나씩 받았다. 천지를 볼 수 있는 정상까지 1,340계단을 올라야 했다. 분명 7월인데 한겨울이 무색했다. 비바람이 얼마나 모진지 입고 있던 우비가 다 찢어지고 짙은 안개 때문에 앞을 볼 수도 없었다. 주변의 야생화가 장관이라 들었지만 겨우 보이는 발밑의 키 작은 꽃이 얼어 죽지나 않을까 염려될 뿐이었다. 머리서부터 신발 속까지 모두 젖었다. 그래도 포기하지 않고(포기할 수 없었다) 천지가 내려다보이는 정상에 올랐다.

사진에서 수 없이 보아와 눈에 선한 천지의 모습은 없었다. 바로 발 밑까지 보이는 전부가 안개구름이었다. 정말 무엇에 홀린 듯이, 여기를 벗어나 제대로 길이나 찾아갈 수 있을까 싶을 정도로 사납고 몽롱한 날씨였다. 돈을 받고 사람을 실어 나른다는 인력거가 길가에 버려진 모습도 묘한 기분을 주었다.

성한 우비가 하나도 없었다. 천지에서 내려와 버스로 이동하면서 계속 어지러웠다. 신발과 옷이 모두 젖어 개운치 않은데다 멀미가 났기 때문이었다. 산 아래는 얌전한 이슬비가 내리고 있었다. 천지에게 거부당한 서운함은 용암이 흘러내리면서 만들어

낸 금강대협곡을 보며 조금 가시었다. 검은 회색으로 굳은 용암을 피해 군데군데 푸르게 살아있는 나무와 풀이 깊은 V자를 이루며 뻗어있고, 그 아래 맑은 물이 실처럼 계곡을 감아 돌며 빛나고 있었다.

오고 가는 날 배에서 이틀, 중국에서 이틀은 휘풍호텔 하루는 국문호텔에 들었다. 저녁이 되면 광장으로 사람들이 쏟아져 나왔다. 그렇게 모여 운동, 놀이, 춤을 추며 공연도 즐긴다. 중국의 인구를 15~18억으로 추정하는데, 인구 억제 정책을 하고 있지만 시골에서는 아이를 낳고도 출생신고를 하지 않는 경우가 허다하다고 한다. 상상이 안 가는 숫자이지만 늦은 저녁 광장으로 몰리는 사람의 무리는 절로 공포를 느끼게 할 정도로 많았다. 그 속에서 어느 때보다 혼자라는 사실을 절감하는 며칠이었다.

난 지극히 작고 보잘 것 없었다. 거대한 먹이사슬 구조 속의 하위 층 어디쯤 내 삶은 겨우 끼어있을 뿐이다. 조금 더 겸손해지고 초라해져서 돌아왔다. 여기가 바닥이라면 바닥을 딛고 솟아오르고 더 내려가야 한다면 어디가 끝인지 가 보자는 날선 오기가 꿈틀거리는 걸 느낀다.

여름, 그리고 제주

–첫째 날

동생은 인천 계산동에 산다. 동생이 사는 아파트 앞 버스정류장에서 김포공항 가는 버스를 탈 수 있다고 들었다. 동생이 며칠간 방문자 표시를 해 두겠다고 했다. 아파트단지 내 주차장에 차를 댄 후 버스를 기다렸다. 막 출근 시간을 넘긴 버스들이 홀가분하게 내달렸다. 타려는 버스는 좀 지루하게 도착했다. 정돈되지 않은 주변을 덜컹거리며 지나쳐서는 늦지 않게 날 내려주었다. 예매를 티켓으로 바꾸고 둘러보는데 아는 몇이 보였다. 친구도 동료도 가족도 아닌 적당히 아는 사이인 이들, 그 적당한 만큼 반갑고 편한 사람들이다. 일정에서 하루를 더 연장해서인지 내 좌석은 일행과 떨어졌다. 비행기가 이륙하고 제주공항에 내리기 위해 술렁이기까지 잠에 빠졌다. 정신을 차리기도 전에 종려나무와 워싱토니아가 일렁이는 제주공항 밖으로 밀려 나왔다. 표현하기 어려운 아쉬움이 지나갔다.

집결지인 조천읍 함덕리로 갈 차편을 논의했다. 제주도가 집인 의정부 간사와 같이 움직였다. 조천읍 함덕리까지는 가까운 거리가 아니었다. 택시는 한참이나 달렸다. 택시기사와 의정부 간사는 알아듣기 어려운 제주사투리로 우리를 즐겁게 했다. 내려서 보니 오래된 옛집들이 드문드문 앉아 변두리 분위기를 물씬 풍기는 곳이었다. 점심을 각자 해결한 후의 집결이어야 했다. 주변과 어울리지 않게 우뚝 솟은 리조트 건물을 뒤로하고 가까운 식당을 찾아 들었다. 다수결에 떠밀려 이제껏 먹어보지 못한 '자리물회' 를 주문했다. '자리' 라는 생선을 날로 잘게 썰어 오이냉채처럼 차게 먹는 음식이었다. 비릴 거라는 예상 외로 담백하고 고소하기까지 했다. 깊은 수심에서 잡히는 '자리' 자체가 비린 맛이 없다는 설명이다. 문득 이런 생각이 든다. 절망이나 아픔도 깊어지면 이렇게 담담해질까.

단련되지 않은 새 건물 곳곳에서 날 냄새가 났다. 의식행사에 앞서 식전공연으로 이어도가 나오는 민요와 해녀춤, 물허벅춤을 보며 제주도에 왔다는 것을 한 번 더 실감했다. 방 둘, 거실, 주방이 있는 숙소에 짐을 풀었다. 그리고 밤 바닷가를 걸었다. 먼바다는 보이지 않았다. 흰 띠를 두르며 밀려오는 파도의 물거품과 소리만 있었다. 누군가 『그리운 바다 성산포』를 꺼냈다. 떠오르는 구절을 읊는다.

—…방파제에 앉아 술을 마셨다. 해삼 한 토막에 소주 두 잔/술은 내가 마시는 데 취하기는 바다가 취한다 …

다른 누군가 추임새를 넣었다. 적절하다. 제주도에서 그리운 바다 성산포는 얼마나 적절한가.

혼자 멀리 걸었다. 혼자 보고 느껴야 온전히 내 것이라는 생각이다. 둘이, 여럿이 보고 느끼는 것은 나눠지고 섞인다. 다리가 무거워지도록 거닐다가 돌아왔다.

방은 환하고 밝았다.

–둘째 날

아침으로 뚝배기에 담긴 전복죽이 나왔다. 속이 힘들지 않을 것 같아 반가웠다. 하루 종일 문화유적답사 일정이었다. 삼양동 선사유적지, 제주국립박물관, 제주목관아, 제주자연사박물관, 용머리바위, 한라산 성판악 입구, 신영영화박물관 등을 빡빡하게 돌았다. 용두암 부근의 상점에서 저렴한 가격의 밀감초콜릿을 여러 개 샀다. 딸아이 선물로는 박물관을 둘러본 후 작은 향수를 하나 골랐다. 배우 신영균이 세운 신영영화박물관은 문을 연 지가 얼마 되지 않아 최근에 본 영화까지 만날 수 있었다. 계단을 내려가다가 자연스레 눈에 들어온 「은하철도 999」 포스터의 반가움을 잊지 못하겠다. 지나간 어느 한때, 아이들과 나란히 TV 앞에 날 붙들어 놓았던 만화영화, 우울하고 슬프고 무거웠던. 아이들은 시작을 알리는 주제가가 흘러나오면 “엄마, 은하철도 999

해!" 하면서 불렀었다. 당시 느꼈던 신비함과 안타까움이 되살아나 한참동안 그 앞을 떠나지 못했다.

한라산은 수시로 얼굴을 바꾼다. 다정히 반기다가도 갑자기 사나워지는가 하면 예측하기 어려운 안개가 몰려 등산객을 긴장시킨다. 산을 좋아하는 몇이 한라산을 오르고자 일찍이 대열을 이탈하였다. 전날에 간곡히 만류하였으나 처음부터 다지고 온 마음을 쉽게 바꾸지 않았다. 아침에 일어나니 이미 빈자리였다. 무사히 합류하길 바랄밖에 다른 수가 없었다.

해발 750m의 성판악 입구에 안개가 자욱했다. 물기가 흐를 듯 습한 기운이 가득했다. 내가 사는 시흥시 소래산 두 배 높이가 넘는 성판악 입구에 잠깐 머물며 한라산의 운김을 조금 받았다.

멀리 부드러운 등성이의 오름이 보이고, 구멍 숭숭 뚫린 검은 돌담이 선처럼 그어지고, 너른 목초지에 조랑말이 자유롭고, 그 너머로 원래부터 있던 바다가 푸르고, 가운데 우뚝한 한라산이 위엄 있었다. 하늘빛은 이 모든 걸 비추듯 투명하였으며 내 마음은 고요하였다.

지친 기분으로 숙소에 드니 새벽같이 사라졌던 일행 몇이 돌아와 있었다. 백록담(1,950m)까지 올랐다는 그들의 얼굴에 뜻을 이룬 기쁜 표정이 가득했다. 포천문화원 간사의 다정하고 상냥한 음성이 더욱 싱싱하였다. 덩달아 즐거워졌다.

별을 보았는지 생각이 안 난다. 밤에도 하늘이 어둡지 않았다고 기억된다. 깊은 바다 속으로 이어져 있을 땅덩어리를 더듬으며 잠자리에 들었다.

–셋째 날

아침식사 후 자유시간이 주어졌다. 삼삼오오 바닷가로 나갔다. 밤에 보았던 그 바닷가가 아니었다. 철지난 해수욕장은 떠나는 이의 뒷모습이다. 다정히 반기던 친절함은 잊어야 한다. 바닥이 훤히 들여다보이는 푸른 바닷물은 여전한 듯하여 위로가 되었다.

시간이 흐르면서 조급해졌다. 전화를 할까? 그만 둘까? 어떻게 말을 시작할까? 그런 생각이 번갈아 들고 났다. 마음을 정하는데 결정적 역할은 '이대로 돌아가면 후회할 것 같다' 는 생각이었다. 후회가 무섭다. 이젠, 후회를 거듭하기에 시간이 많지 않으며 후회를 지워나가기에 집중을 해야 할 시점인 것이다.

1982년 여름, 강원도로 수련회를 떠났던 우리는 낙산 바다에서 어이없이 한 사람을 잃었다. 그 뒤로 아무것도 달라지지 않았으나 모든 게 달라졌다. 그날에서 정지해 조금도 움직이지 않는 부분이 있다. 인천에서 내려온 장의버스 차창 밖 어둠과 삼킬 듯 퍼붓던 빗줄기를 벗어나지 못하겠다. 지금 생각해보면 몇 시간만에 도착했을 것이나 당시 끝도 없이 어둠 속을 달리기만 한 기억이다. 오랫동안 만나오고 있던 그들과 떨어졌다. 만나게 되지 않았다. 그냥 아무 일도 없었던 마음이고 싶었다.

마리나(세례명) 언니를 중문에서 만났다. 남자처럼 짧게 친 머리 빼고는 그대로였다. 내 눈엔 조금도 변해 보이지 않았다. 주상절리 부근의 해변으로 나가 일상 대화를 나누었다. 헤아리기 벅찬 시간들이 흘렀으나 그 시간들은 또한 아무것도 아니게 건너뛰어졌다. 살아 있음을 확인한 이상의 무엇도 아니었다.

끌려가는 기분으로 롯데호텔 수영장과 사우나를 거쳐 풍차라운지를 잠깐 구경했다. 함께 묵기로 한 일행에게 연락을 하고 댁으로 갔다. 편안하게 마음먹기가 쉽지 않았으나 노력했다. 한 번일 뿐이니까…… 어른 둘만 지내는 집이라 조용하고 단정했다.

거실 통유리로 하늘과 맞닿은 푸른 바다와 하얀 원통형 제주국제 컨벤션센터가, 주방 창으로는 우뚝 솟은 한라산이 전신을 드러내 보이고 있었다.

식탁의 상석에 앉는 게 불편하였으나 손님에 대한 이 집의 원칙이라기에 길게 사양하지 못했다. 저녁을 먹고 이웃집 개 두 마리를 데리고 산책을 나갔다. 흰털이 수북한 어미와 새끼로, 두 분과 사람처럼 이해하며 소통하고 있었다. 어미는 살이 많이 쪘다. 짧은 다리로 뒤뚱거리며 걷는데 몸 전체가 흔들렸다. 밤벌레 같다고 하니까 흡사하다며 웃었다.

통 유리로 먼 바다에 불을 밝힌 오징어 배가 한두 척 보였다. 일기가 고른 날, 셀 수도 없이 몰려나온 오징어 배 불빛은 더할 수 없는 장관이라는데, 그렇겠다.

–넷째 날

8시에 일어났다. 죽은 듯이 잤다. 흔하지 않은 단잠이었다. 아침으로 빵과 차를 마셨다. 어제와 다른 좀 더 넓게 도는 산책로 약도를 받았다. 낯선 동네를 구경하는 일은 신난다. 화장하듯 꾸

며진 관광지보다 후미진 뒤꼍이 더 정겨울 때가 많다. 오전부터 햇살의 기세가 사나우나 불쾌한 더위는 아니었다. 마주 오던 두 사람이 서로 비켜설 만큼의 산책로가 여러 갈래로 나 있었다. 양양한 햇볕 아래 몸을 맡긴 밀감 밭이 나왔다. 울타리에 서서 초록의 밀감 맛은 어떨까 잠시 상상했다. 완만한 오르막을 조금 더 오르니 해태 모양의 돌이 있는 절이 보였다. 절보다도 나무가 많은 공원 같은 앞마당이 마음을 끌었다. 절 왼쪽으로 가파른 숲이 이어져 있다. 절 마당을 서성이던 사람이 일러준 대로 사다리처럼 놓인 나무 계단으로 들어서 보니 이곳이 천제연 폭포, 칠선녀 공원과 다리, 여미지 식물원 등 관광지 입구의 출구 쪽, 즉 뒤쪽 부분이었다. 천제연 폭포 주변은 그늘이 깊어 시원했다. 사람들을 드문드문 만날 수 있었다. 칠선녀 다리를 건너 매표소 입구로 나오니 큰 도로와 대기 중인 택시가 줄지어 있는 모습이 관광지다웠다. 시간을 보며 여미지 식물원에 들어갔다. 촌스럽게도 바나나 나무가 제일 반가웠고, 신기한 '뱀오이', '바오밥 나무'에선 어린왕자가 떠올랐다. 미로 속을 헤매듯 우왕좌왕하면서도 전망대까지 올랐다.

정해진 시간에 많이 봐야 한다는 생각으로 마음이 조급했나보다. 의자에 앉아 숨을 고르자니 헛웃음이 나왔다. 이것도 욕심이다. 정신없이 쫓아가기보다 이렇게 사물을 내 앞으로 끌어와 살피는 것이 더 유익할 수도 있음을 잊었다. 의자의 단단한 나뭇결이 만져지고 바닥 무늬가 보인다. 아이들과 함께 오면 나눌 얘기가 참 많을 거 같다는 생각이 들었다.

오후 3시 30분 비행기이니 움직여야 한다. 천천히 본 후 택시 타고 오라 했지만 걸어가기로 했다. 풀잎도 만지고 돌멩이도 걷어차며, 아까 만나는 인사를 했으니 이제 헤어지는 인사를 해야지. 안과 밖의 열기로 얼굴이 벌겋게 달아올랐다.

차려 놓은 점심을 먹고 바로 일어났다. 짐을 벗은 듯 홀가분하다. 순간마다 구속과 자유를 번갈아 느낀다. 구속은 대체로 마음이 느끼는 불편함이지만 얼마나 힘들었는지 벗어나 보면 안다. 그 둘이 적절히 조화되어야 하는 것도 안다. 마음의 조절인데, 내 마음이지만 종종 내 마음대로 되지 않는다.

비행기가 이륙하고 김포공항에 내리기 위해 술렁이기까지 난 잠에 빠졌다. 오고가며 부딪는 사람들 사이에서 방향을 잃고 잠시 머뭇거렸다.

그래, 긴 꿈이었다.

캄보디아왕국에 아름다운 세상이 있다

소통疏通, 막힘없이 생각하는 바를 서로 이해하고 받아들이는 소통은 말처럼 생각처럼 간단하지 않다. 손 뻗으면 닿는 거리에서 서로 알아듣는 언어를 사용해도 벽보다 단단한 단절과 아득한 거리를 경험하게 되는 때가 종종 있다. 그건 누구의 잘못도 아니다. 서로 원하는 것이 다르고 보는 방향이 다르고 내 상황이 우선이며 급하기 때문일 뿐이다.

10년 가까이 다닌 직장의 장長이 바뀌면서 한동안 감당하기 어려운 상황이었다. 그 일로 인한 상처가 깊어서 자주 손발에 힘이 빠진다. 절벽 끝에 선 외로움과 부질없다는 허무한 마음으로 정체停滯되듯 주춤거리게 된다. 그런 와중 떠나게 된 이번 일정은 '캄보디아' 가 아니었다면 그만두었을 것이다. 베트남과 캄보디아는 평소 가보고 싶은 여행지로 오래 꿈꿔오고 있었다.

메모할 의욕마저 자신이 없어 녹음기를 가져갔다. 두 달이 지났다. 들어보니 가이드 설명 간간이 내 웃음소리가 섞여 있다. 여유가 느껴지고 편안하면서 부드러운 웃음소리다. 내가 이렇게 웃었구나…… 듣기에 참 좋다.

새벽 4시, 집을 나섰다. 뒤로 배웅하는 이 하나 없이 빠져나오는 골목과 동네가 짐짓 모른 체 낯설다. 어둠의 기운이 가뜩이나 의기소침해져 있는 마음을 무겁게 끌어내린다. 기다리지 않는 누군가를 찾아 나서는 걸음처럼 조심스럽고 자꾸 주저되었다.

수원 시민회관에 도착해서도 어두웠다. 코앞에 두고 도청 정문 앞에서 한참을 헤맸다. 늦지 않아 다행이다. 다시 등에 땀이

나도록 긴장했던 마음이 풀어진다. 잘 모르는 사람들이지만 이들과 며칠만 살고 헤어지자.

인천 공항을 향하는 버스 안에서 푸른빛으로 열리는 하루를 보았다.

-톤레삽 호수의 수상마을

캄보디아 국적기 U-4기는 작고 실내도 비좁았다. 키가 큰 일행 중 한 사람은 무릎이 앞좌석에 닿았다. 씨엠립 공항까지는 5시간 걸린다. 한두 시간이 지나자 일반 버스처럼 승객들이 일어나 통로를 거닐었다. 난 잡지를 뒤적이다 부족한 잠을 보충하기로 했다. 늦은 아침식사는 기내식으로 마쳤다. 플라스틱 수저와 포크, 조그만 그릇이 어린 날의 소꿉장난 느낌이었다.

비행기에서 내리자 후끈한 열기가 올라온다. 39도의 기온, 금방 땀이 솟았다. 가난한 나라이기에 뒷거래가 성행이라고 하였으나 여행사의 사전 조치로 신속하게 출입국 관리소를 벗어났다.

스무 명이 한 조가 되어 버스에 오르고 가이드와 만났다. 집이 수원이라는 가이드가 오래 아는 사이처럼 친근했고 캄보디아에 깊은 애정을 보여 좋았다. 길지 않은 시간을 달려 3일간 묵을 호텔에다 짐을 우선 풀고 곧바로 점심식사를 하러 갔다. 음식은 전혀 불편하지 않았다. 재료와 조리법은 당연히 다르겠으나 의외로 맛이 괜찮았다. 특히 매 식사 때마다 상에 오른 놓아서 키운다는 돼지고기의 맛이 쫄깃하고 담백하여 인기였다.

식사 후, 크기가 캄보디아 국토 1/6에 달하는 톤레삽 호수의 수상마을로 향했다. 물 위에서 태어나 살다가 물 위에서 생명을 다하는 이들의 70%는 베트남 계통으로 국적이 없는 사람들이다. 착륙하기 전 비행기에서 내려다볼 때 비포장 길로 생각했던 대지를 가로지르는 황토색 줄기는 길이 아닌 강물이었다. 거대한 톤레삽 호수도 진한 황톳물로 얼추 보면 더러워 보이나 식수로도 사용하는 오염되지 않은 물이라고 한다. 건기의 막바지라 물이 줄어 버스로 2km를 더 들어갔다. 바나나처럼 생긴 동력선으로 옮겨 탄 후 수상 마을 안쪽으로 다가갔다. 요란한 모터소리로 대화가 어려웠다. 관광객을 상대로 영업하는 수상 카페 근처에서 가이드 설명을 듣기 위해 잠깐 배가 멈추었다. 동시에 필사적으로 노를 저어 따라오던 나룻배에서 어린아이와 여자들이 '원 달러' 를 외치며 우리 배에 매달렸다. 쟁반 같은 그릇에 몽키바나나와 맥주 캔 등을 내밀며 애원하는 모습은 깡마르고 장사하기엔 너무 어렸다. 눈물이 나오려는 걸 참았다. 하나 둘 지갑을 꺼내는데 가이드가 웬만하면 무시해 줄 것을 권했다. 진정한 도움이란 이들이 학교에 다닐 수 있도록 구걸을 도와주지 않아야 하며, 무엇보다 베트남으로 인해 상처를 받은 캄보디아에 대한 예의로라도 참아주었으면 한다는 말이었다. 심정적으로 가이드의 말에 공감을 하면서도 간절한 눈빛을 외면하기가 쉽지 않은 일이었다. 식당 안이나 호텔을 제외하고 여행기간 내 어딜 가나 구걸하는 아이들과 함께여야 했다. 더위 때문에 들고 다녔던 생수병마저 달라고 하여 슬쩍 줘 버렸다.

절경이라는 해질 무렵을 보기 위해 수상 카페에 잠시 머물렀다. 맥주와 새우 데친 것이 안주로 나왔으나 구경만 했다. 새우의 양쪽 앞발은 커다란 집게발이었다. 주변을 넓게 둘러볼 수 있는 꼭대기에서도 여전히 수상카페 주위를 맴돌며 원 달러를 주문처럼 외는 아이들이 보였다. 마치 모이 든 주인을 따르는 병아리 같다. 한 관광객이 안 되겠는지 가까이 다가가 원 달러를 건네고 몽키바나나를 집어 들었다. 득의에 찬 얼굴로 배 안쪽 그릇에 돈을 넣고는 이내 다시 바나나 한 송이를 담아 내온다. 바로 옆에서 부럽게 지켜보는 다른 아이 눈치가 보여 그 또한 보는 마음이 불편했다.

수심은 깊지 않은지 아이들이 해맑게 웃으며 물놀이도 한다. 경찰서, 가게, 학교, 교회 등 생활에 필요한 모든 것이 다 있는 여기 수상마을 사람들은 오히려 땅 위에선 어지러움을 느껴 살 수 없다고 한다. 해지는 경관은 날이 흐려 만족한 구경을 하지 못했다. 이래저래 우울한 마음으로 수상마을을 벗어났다.

저녁은 압살라 민속쇼와 함께 뷔페식이었다. 민속공연은 지난 용문산 축제 때가 떠올라 새삼스러웠다. 이야기를 바탕으로 한 고유의상과 섬세한 손놀림이 여전히 인상적이었다.

숙소가 내 집처럼 편안했다. 전생의 어느 부분이 여기와 인연이 닿아 있는지 멀리 떠나온 이국땅이라는 실감이 나지 않았다.

–앙코르 왕조 유적지

모닝콜이 울렸다. 시간을 알 수 없어 내내 불편하였다. 휴대폰은 당연히 무용지물이 되었고, 호텔이나 식당 어디에서도 시계를 찾아보기 힘들었다. 3층인 숙소 창밖의 시야는 걸리는 것 없이 시원하였다. 높은 건물과 산이 없어서 멀리 끝 간 곳까지 푸른 숲이 보이고 길 건너 세차장에선 즐거운 듯 몇 사람씩 달려들어 차를 닦고 있다. 호텔 마당으로 우리를 안내할 버스가 보이고 한두 사람 서성이면 대충 시간을 짐작하고 방을 나선다.

앙코르와트, 이집트의 피라미드와 함께 가장 확실하게 누구도 부정할 수 없는 세계 불가사의로 인정받고 있는 곳. 앙코르와트의 이해를 돕기 위해 왕조초기 롤로오스 유적지를 먼저 답사하기로 했다. 프레아코 사원, 바콩 사원, 룰레이 사원은 따가운 태양 아래 서두르지 않는 신중한 복원 작업이 진행 중이었다.

967년 하르샤바르만 2세의 손자이며 바라문교 승려였던 야즈나바라가 시바신에게 바친 반데스레이 사원과, 자야바르만 7세가 어머니를 위해 세운 타프롬 사원은 인간의 한계를 넘어서는 경이로움을 드러내며 보는 이를 압도하였다. 현세를 뛰어넘어 신들의 세계로 나아가고자 하는 숭고한 정신의 몰입이 느껴져서인지 볼수록 마냥 숙연해질 뿐이었다.

반데스레이 사원은 신분상 이유로 건축물 크기에 제한을 받았을 것으로 짐작한다. 대신 정교하고 현란한 조각으로 사원 전체를 장식했다. 그 아름다움에 매혹되어 프랑스의 작가 앙드레 말로가 4개의 압살라(선녀)를 뜯어내 밀반출한 혐의로 체포되기도 했다. 앙드레 말로는 이 사건을 토대로 앙코르 탐사기이며 감상기인 「왕도의 길」을 집필했다.

어머니를 생각하는 자야바르만 7세의 효심이 오늘까지 이어져 숨 쉬고 있음을 느낄 수 있는 타프롬 사원은 관광객으로 넘쳤다. 시기적으로 우기 전 잔인하게 더울 때라 관광객이 많지 않은 편인데도 이러니 성수기면 발 디딜 틈 없다는 말이 과장誇張으로 들리지 않았다. 흔적만 남아 있는 '보석의 방'과 '통곡의 방'을 비롯해 미로 같은 사원 내부는 일행을 놓치지 않으려 긴장한 탓으로 제대로 감상하지 못했다. 타프롬 사원은 지상으로 올라온 거대한 나무뿌리가 사원 전체를 감싸며 자라고 있어 나무사원이라고도 부르고 있다. 비 한 방울 내리지 않는 건기 6개월 동안도 푸르게 살아있는 신비함을 두고 이곳 사람들은 자야바르만 7세 어머니가 나무로 환생하여 아들의 사원을 지켜주고 있다고 믿는다. 나무뿌리를 걷어내야 하기 때문에 유일하게 복원공사를 하지 못하고 있는 사원으로 더 이상 무너지지 않도록 하는 보수공사만 하고 있다.

본격적인 앙코르 투어가 시작되고 나서 나의 뇌(머리)는 별 활동을 하지 못했다. 해독할 수 없는 암호화된 문제를 보듯, 한 순간 언어가 뒤섞여버린 바벨탑의 혼란처럼, 일반적인 상식과 이해를 벗어난 알 수 없는 능력의 결과물 앞에 생각이 나아가지 못하고 그냥 머물렀다. 천 년 전, 이 땅의 사람들은 어떤 정신을 지녔을까, 무슨 마음이었을까… 인간의 능력은 어디까지일까.

풀 수 없는 문제를 고민하는 무거운 심정으로 앙코르 톰의 바푸욘, 바이욘 사원, 코끼리테라스, 레퍼(문둥이)왕 테라스와 힘들게 대면했다. 정성과 진심을 다해 앙코르유적지에 대한 애정과 더불어 담긴 메시지를 전하려는 가이드의 노력이 무색하게 멀찌감치 앙코르와트를 벗어났을 때는 시험에서 벗어난 해방감마저 들었다.

우주의 축소판, 지상에 구현한 우주의 모형 '앙코르와트'는 앙코르의 다른 건축물과 다르게 유일하게 죽음을 뜻하는 서쪽에 정문이 있다. 비슈누 신의 중앙 탑을 향해 걸어가면서 죽음의 방향인 서쪽으로부터 자연스레 멀어지도록 설계된 것이다. 중앙 탑이 있는 3층은 천상계, 2층은 인간계, 1층은 미물계를 상징한다. 천상계를 오르는 계단의 경사는 70도이다. 계단은 높고 폭은 좁아 발을 똑바로 디딜 수 없어 누구라 해도 네발로 기지 않으면 오를 수 없다. 자신 없으면 오르지 않아도 된다고 하였으나 포기하는 사람은 없었다. 정상(?)에서 가슴을 쓸어내리며 서로 격려하고 스스로를 대견스러워 했다. 건너편 내려오는 계단엔 난간이 설치되어 있다.

천상계에 오른 후, 몇 년 전 과로로 이 계단에서 굴러 지금까지 병원에 있다는 친구를 위해 삼 배를 올리는 우리 차 가이드의 모습을 볼 수 있었다.

–영화 「킬링필드」의 기억

단체영화관람, 지금도 있는지 모르겠다. 중, 고등학교 시절의 그 기억은 영화의 내용보다도 주변적으로 떠오르는 상황이 더 분명하다. 줄 서서 기다리던 극장 앞 도로, 오징어 매달린 매점, 화질 안 좋은 대한뉴스 등.

초등학교 때 인천 주안동의 중앙극장 건너편에 살았었다. 아버지 아시는 분이 극장에서 일을 보는 덕분으로 마지막 영화 끝부분을 공짜로 보게 해 주셨다. 두꺼운 커튼을 조심스럽게 들추던 두근거림과 설레던 감정은 늘 어제 같다. 영화관 뒤쪽 쓰레기통에 찢어진 극장표가 수북했다. 남동생과 그것을 주어와 열심히 짝을 맞추어보기도 했다.

1985년이면 단체관람으로 본 영화는 아니다. 어떻게 이 영화를 보게 됐을까. 몹시 암울하고 불행한 심정이었으며 화면을 가득 채운 늪지의 시체더미 영상은 '실화'라는 말로 인해 더 충격이었다. 반공영화, 공산당을 빨간색괴물로 만들었던 이념교육의 선전물 역할을 톡톡히 했던 미국영화였음을 당시에는 알지 못했다.

킬링필드라 불리는 캄보디아 학살은 둘로 나누어진다. 미국은 베트남전쟁 중이었던 1969년부터 1973년까지 중립국인 캄보디아에 보급로를 차단한다는 명목으로 대규모 폭격을 가한다. 그로 인한 사망자 수를 60~80만으로 본다. 그 후 1975년부터 5년 간

폴 포트가 이끄는 공산세력인 크메르루즈에 무참히 학살된 지식인과 일반인의 사망자 수를 80~100만으로 추정한다. 영화는 두 번째에 대한 내용만을 다루며 캄보디아에 벌어진 비극을 오로지 공산주의 크메르루즈에 떠넘기고 있다. 1기와 2기로 나누어진 10년 간의 학살과 뒤로 이어진 내전으로 200만, 전 인구의 1/4이 사망한 것이다.

현지 캄보디아인의 반미 감정이 우리가 일본에 대해 갖는 것의 100배로 보면 맞을 거라는 가이드 설명이었다. 프랑스 식민지였으나 프랑스 사람들을 좋아한다. 미국이 없었다면 킬링필드도 없었을 거라고 그들은 생각하고 있다.

일정에 있었던 지뢰박물관은 공사 중이라 취소되었다. 씨엠립의 '왓트마이'라 불리는 작은 킬링필드 사원에는 당시 고통스럽게 죽어간 이들의 유골을 모아 놓았다. 악명 높은 폴 포트의 얼굴과 잔혹하기 이를 데 없는 고문 장면을 담은 사진도 볼 수 있다. 캄보디아에는 학살의 역사를 잊지 말자는 의미의 킬링필드 사원이 수백 곳 있다.

–아름다운 세상, 캄보디아

현재 캄보디아에서 가장 큰 과제는 인재를 양성하는 일로 보고 있다. 폴 포트 정권 때 거의 모든 지식인과 중산층이 학살로 사라지고 살아남은 어린이와 여자(어머니)들은 당장 먹고사는 생존에 내몰려 있기 때문이다. 많은 전쟁고아들이 생기고 가난과 굶주림으로 구걸에 나서는 이들은 교육의 중요성을 스스로 인식할 수 없는 상황이다.

씨엠립에는 대한불교 조계종 수원포교당 성보스님이 원장으로 있는 학교와 고아원 '아름다운 세상' 이 있다. 10년 전 앙코르와트를 처음 접하고 12세기 전 이토록 찬란한 문화유산을 이룩한 지혜롭고 위대한 땅의 민족이 오늘날 너무도 비참하게 된 상황에 충격을 받은 주지 스님이, 그 후 이들을 도와야겠다는 의지로 각고의 노력을 기울이며 성과를 이루고 있는 곳이다.

스님의 얘기로는 규칙적인 식사와 생활을 할 수 있는 이곳에 아이가 들어오고 일주일 정도만 되면 얼굴이 꽃처럼 피어난다고 한다.

시설을 마련하고 올해 처음으로 아이들을 맞이한 아름다운 세상에는 자매시인 수원시에서 지원해준 컴퓨터실이 우리 글로 이름표를 달고 있다. 여행 전 안내문을 보고 아이들에게 줄 문구류를 준비해 갔다. 스케치북, 무제 공책, 연필, 색연필, 크레파스, 색종이, 풍선 등을 고르며 즐거웠다. 혹시 아는 사람이 있냐고 일행이 물었다. 없다. 아이들은 어느 나라나 똑같지 않을까? 가난했던 어릴 적 색종이로 남자 색 여자 색 나누던 기억이며, 터질까 아슬아슬한 풍선 불기와 바람이 빠질 때까지 가지고 놀던 기억은 떠올릴수록 애틋한 느낌이다.

앞으로 병원과 대학설립까지 계획하고 있다는 말을 들으며 이름대로 영원히 아름다운 세상으로 남기를 모두 같은 마음으로 기원했다.

알려진 대로 캄보디아는 천연 뽕나무에서 자라는 상황버섯과 천연 고무나무의 라텍스 그리고 보석이 특산품으로 유명하다. 한낮의 더위도 피할 겸해서 들른 보석상점에서 넉넉하게 시간을 보냈다. 특별히 준비했다는 양촌리 믹스냉커피가 고향의 맛을 일깨우며 일행을 반겨주었다. 진열된 상품이 원산지라 저렴한 편이라고 하였으나 내겐 만만치 않은 가격이었다. 오래 망설이다가 딸아이를 떠올리며 여자의 성공보석이라는 '가넷' 알을 하나 골랐다.

프놈바켕으로 이동하기 전 어두워지면서 비가 잠깐 지나갔다. 거짓말처럼 기온이 우리나라의 가을날처럼 바뀌었다. 울창한 숲길을 걷는 발걸음이 더없이 가볍고 상쾌했다. 행복하던 그 순간은 짧아서 더욱 빛난다. 이번 답사여행처럼.

자유롭지 못한 땅, 금강산기행

–해오름의 도시 양양

인천터미널에 도착해보니 시간 여유가 좀 있었다. 지하에 있는 영풍문고를 둘러보았다. 남한서적은 가져갈 수 없다는 말에 읽을거리를 하나도 챙기지 않은 게 허전했다. '피천득 수필집' 과 표지가 딱딱해서 메모하기 알맞아 보이는 작은 메모장 하나를 샀다. 공연히 마음이 넉넉하고 좋았다.

휴게실을 나와 수시로 차가 들어오고 나가는 바깥 의자에 앉아 가볍게 책을 넘겨보며 출발시간을 기다렸다. 시간은 빠르지도 느리지도 않게 간다. 버스에는 빈 의자가 많았다. 인사도 없이 지나는 풍경을 보는 시선이 무심하다. 고속버스는 새밀휴게소에서 잠시 쉬었다. 내려서 둘러보는 낯선 거리로 오싹함을 느끼게 하는 쓸쓸함이 가득했다.

속초까지는 생각보다 오래 걸리지 않았다. 오른쪽으로 먼저 바다가 나타났다. 낮은 철조망이 경계를 이룬 안쪽으로 군인들이 자주 보였다. 국방색 또는 자주색 반소매 상의를 입은 군인들 모습이 한가로워 보였다. 바닷가에 접해 있는 상점 앞에서 버스는 또 잠시 멈췄다. 푸르게 일렁이는 바다를 담으려고 카메라를 작동했는데 고장이었다. 알아보니 가벼운 고장이 아닌 듯했다. 미리 점검하지 않은 것을 후회했고, 앞으로의 일정을 제대로 담을 수 없게 되어 안타까웠다. 모래사장이 자주 보이는 길가 어디쯤으로 '해오름의 도시 양양' 이정표가 나타났다 이내 사라졌다. 그 초등학생의 그림 같은 정감어린 이정표가 오래 따라왔다. 버스는 바다 냄새가 짙어지는 도시 안으로 들어갔다.

속초터미널에 내려서는 마음이 바빴다. 집합시간까지 여유가 많지 않았다. 서둘러 택시를 잡고 양양에 있는 목적지를 대며 시간이 얼마나 걸릴지를 물었다. 20분 내외라는 대답을 다행한 마음으로 들으며 창밖을 보았다. 한쪽은 바위와 울창한 숲이 끝이 보이지 않게 이어지고, 고개를 돌리면 하늘과 닿아 있는 물색 바다가 눈 아래까지 어슬렁거리듯 일렁이고 있었다. 고개를 이리저리 돌려가며 경치를 보기에 바빴다. 도착해서 아는 얼굴들을 만나 웃으며 인사하는 사이로 어수선한 마음도 잦아들었다.

정해진 숙소에 짐을 넣고, 간단한 개회식을 마친 후 저녁식사가 있었다. 생선과 해물을 섞어 끓인 찌개가 나왔다. 저녁을 먹고 잠들기 전까지 틈틈이 바다를 보러갔다. 밤 바닷가에는 하얀 포말로 부서지는 파도 외에 아무것도 보이지 않았다.

파도에 귀를 맡겨 일정한 파도소리가 머릿속의 생각을 밀어내고 밀어내도록 했다. 두고 온 이름이 멀어지고, 번다함이 밀리고, 안간힘으로 움켜쥐었던 일상이 어깨 너머로 밀리어 아득했다. 오래 밤바다를 걸었고, 지쳐서 돌아와 금방 잠이 들었다.

—설봉호

6시 10분 눈이 떠졌다. 생각 외로 푹 잘 잤다. 혼자 조용히 일어나 바닷가에 나갔다. 안개가 몰려와 있어 해를 볼 수는 없었다. 파도는 어제보다 높고, 물밑이 훤히 보였다. 고깃배가 두어 척 나와 있었다. 백사장 바깥쪽으로 산책로를 따라 조금 걸었다. 어설프게 깎아 세운 장승의 여러 모양이 찬 새벽기운에 움츠리는 듯 보였다. 공기가 달아 깊이 숨 쉬었다.

8시 아침을 먹었다. 오늘은 배를 타고 군사분계선을 넘어 북쪽 땅을 밟게 될 것이다. 버스로 속초여객터미널까지 이동했다. 지루하게 기다리는 시간이 이어졌다.

북한도 외국으로 치기 때문에 여권이 필요해 우리는 일회용 여권을 임시로 발급 받게 된다는 설명을 들었다. 인원을 조별로 나누어 확인하고 입항절차를 하는 과정이 좀 어수선하게 느껴졌다. 아침 일찍 서두른 셈이었으나 금강산으로 갈 '설봉호'에 올라 출항을 한 시간은 오후 두 시가 다 되어서였다. 짙은 안개로 인해 예정보다 한 시간이 더 지체되었다.

미끄러지며 나아가는 선미船尾를 내려다보다 소리 없이 시야에서 멀어지는 속초시를 바라보는데 나도 모르게 가슴이 두근거렸다. 얼마 지나지 않아 검푸른 바다 외 아무것도 보이지 않았다. 이 배에서 이틀을 묵게 될 것이다. 뱃머리 쪽으로 머리를 두면 멀미를 하지 않는다고 들었다. 처음 물컹거리듯 다가오는 발 밑의 느낌이 거슬렸으나 배가 커서 그런지 우려했던 것보다는 안정감이 있었다. 현대아산 설봉호는 8,300톤급으로 승객 600명을 수용할 수 있는 규모의 여객선이다.

북한 고성항까지 네 시간이 소요된다고 한다. 편한 차림으로 쉬거나 담소를 나누는 자리를 벗어나 선상으로 올라갔다. 마침 선상갑판에서는 북한의 신계사터로 성지순례를 가는 대한불교조계종승려들이 '민족분단희생영가를 위한 선상천도제'를 진행하고 있었다. 뱃고동 소리 불규칙하게 울어대며 달리는 선상 제祭 모습이 의미심장해 보였다. 바람이 심하게 물보라를 실어 날라 몹시 추웠다.

군사분계선을 넘으며 고성항이 희미하게 모습을 드러내자 선내 방송이 잦아졌다. 선실 안에서 교육용 비디오를 통해 받은 방북교육을 되풀이하는 내용이었으나 긴장이 느껴졌다. 호텔 '해금강' 을 끼고 항 깊숙이 선회하며 정박하는 설봉호의 움직임은 무겁게 침묵하고 있는 북한 땅을 우리 마음처럼 조심스러워하는 듯 했다.

고성항은 북한의 중요 군사지역 중 하나여서 촬영이 엄격히 규제되었다. 배 안의 관광객 모두는 조로 나누어 정해진 번호대로 줄을 서서 움직였다. 저녁을 먹기 위해 출입국관리소를 통과해 온정각으로 이동했다. 덩그렇게 지어진 출입국관리소 앞 자갈마당에 붉은 글씨로 세워진,

'금강산관광객들을 동포애의 심정으로 환영한다' 는 반어가 서늘하게 마음에 닿았다. 관리소 내부도 시계는 물론 그림 한 점 걸려있지 않았다. 곰돌이인형 탈을 쓴 두 사람이 손을 흔들며 환영하였지만 굳어진 마음으로는 어색하게만 보였다.

조별로 버스에 올라 북한의 온정리와 용계리 마을을 지나며 주민들을 볼 수 있었다. 버스가 다니는 길 양쪽에 철조망이 처져 있었다. 금강산줄기 아래 자리한 온정각 마당에 내려서야 긴장이 좀 풀렸다. 뷔페식 저녁은 푸짐하고 맛있었다. 북쪽에서 직접 재배한 남새(채소)는 향이 진하면서 맛이 고소했다. 식사 후 온천욕

을 하지 않고 2층에 전시하고 있는 북한 미술가들의 작품을 감상했다. 김기창 화백의 동생인 김기만 화백은 북한에서 1급 예술가로 활동하고 있다. 북한에서의 최고의 호칭은 '인민' 이다. 인민예술가, 인민배우… 그 다음으로 공훈예술가, 공훈배우 그렇게 불렀다.

배로 돌아오기 위해 버스를 타고 마을을 지나 출입국관리소를 통과해 승선을 했다. 어둠 속으로 마을 불빛이 아득했다. 일주일에 3, 4일 정도 시간을 정해놓고 전기가 들어온다고 한다.

바다로 한 발을 디디고 있는 호텔 해금강은 설봉호와 가까이 있다, 오르내리는 승강기며 일층의 식당인지 바에 드는 손님의 움직임이 보일 정도로. 기억 자로 꺾어지는 모서리의 출입국관리소를 사이에 두고 설봉호는 남측 땅이고 호텔 해금강은 북측 땅으로 규정되었다. 우리는 금강산을 관광하기 위해 하루 두 번 줄을 서서 도장을 찍으며 출입국관리소를 통과하지만, 해금강 호텔에 묵는 관광객은 첫날 들어갈 때와 마지막 나올 때만 통과하면 되었다. 어릴 적 놀이처럼 선 하나 긋고 너 땅 내 땅 하는 것도 아니고, 절로 나오는 웃음 뒤끝이 씁쓸했다.

의정부문화원 간사와 이런저런 얘기를 나누다 잠이 들었다.

–천하제일명산 금강산

6시에 일어났다. 바다는 고요했다. 구내식당에서 아침을 먹고 산행 준비를 서둘렀다. 힘겨운 일정일 거라는 말을 여러 번 들었다. 휴대해서는 안 되는 물품에 대해 재차 반복, 강조하는 조장(가이드)을 따라 이동하며 각오를 다졌다. 처음부터 무리하거나 뒤쳐지지 말고, 차분하게 끝까지 낙오하지 않으리라고.

오늘 우리에게 정해진 금강산 관광은 내금강의 '만물상' 코스이다. 버스로 양지마을, 닭알(용계리)마을을 지나 구불구불한 산길을 넘어 만상정까지 간 후, 휴게소라 볼 수 있는 그곳에서 잠시 주의사항을 듣고 본격적인 산행으로 들어갔다.

1,041m 망양대까지 오르는 등산로는, 천하제일명산 금강산의 절경을 직접 보고 느끼는 것 외에 다른 의미로 다가온 힘든 도전이었다.

금강산 초입에 장대처럼 줄서있던 미인송이라 불리는 곁가지 없이 곧게 뻗은 붉은 빛의 소나무는, 나무이지만 사람에게나 말할 수 있는 귀티가 흘렀다. 금강산은 화강암으로 이루어진 바위산으로 등산로 대부분이 바위를 타고 오르게 되어있다. 신선이 내려오는 모습의 삼선암, 귀신의 얼굴을 닮았다는 귀면암, 선녀를 만나려고 오르다 바위에 도끼 자국을 내었다는 절부암, 위아래 모두 절벽으로 겨우 쉴만한 공간의 벼랑 턱인 안심대, 세 개의 전망대를 이루고 있는 망양대까지 가파르고 좁은 등산로를 오르는 동안 전혀 다른 생각을 할 수 없었다. 어느 곳은 거의 직각에 가까울 정도로 경사가 심해 발아래나 뒤를 봐서는 전혀 움직일 엄두가 안 나기도 했다. 산자락을 타고 내리는 계곡 물은 게르마늄 성분으로 모두 옥빛을 띄었다. 물이 너무 맑아 물고기가 살지 못한다고 한다.

잠깐 잠깐씩 숨을 고르며 둘러보는 경치는, 가슴을 트이게 하는 시원함이 아니라 막막하게 만드는 경이감을 불러일으켰다. 절경에 놀라 바위로 굳어졌다는 '개구리바위' 얘기가 떠올라 눈 아래 펼쳐지는 산세를 오래 바라보기가 두려웠다. 하산을 하면서부터는 나와의 싸움이었다. 손과 발이 뜻대로 움직여지질 않아 걸음을 옮길 때마다 고통이었지만 어느 한 곳도 그냥 지나치고 싶지는 않았다. 오기를 부리는 심정으로 스스로를 몰아세웠다.

만상정에 도착해 버스를 타고 온정각으로 이동하는 동안 사정없는 잠 속에 빠졌다. 무릎 위로 메모지와 볼펜을 쥔 채 조장의 설명을 적으려고 안간힘을 다했으나 버스가 정차하고 나서야 어리둥절한 채 정신이 들었다. 늦은 점심을 먹고, 북한 교예단 공연 관람권을 구입하고 빈 시간에 상점을 잠깐 돌아봤다. 북한이 자랑하는 평양모란봉 교예단 공연은 잘 만들어진 영화처럼 깊은 감동과 함께 벅찬 동포애를 안겨 주었다. 반듯하게 펴고 접듯 기계처럼 움직이는 배우들의 동작 하나 하나에 긴장으로 마음을 졸여야 했다. 공연 내내 몸에 힘이 들어가 있다가 끝난 후 나올 때는 큰 시름 하나를 내려놓은 듯이 가볍고 유쾌한 기분이었다. 공연 내용을 담은 비디오를 살까 망설이다가 그만두었다. 힘에 겨운 일정으로 쌓인 피로도 풀 겸해서 '무색무미 중탄산나트륨 성분의 온천장' 에 들었다. 버스로 이동하여 설봉호로 돌아와 마지막 밤을 맞았다.

–삼일포, 해금강

독특한 음색의 선 내 방송이 어둠 속의 빛처럼 단잠을 가로지른다. 새벽의 바다는 고요하고 어젯밤 잠들기 전 보았던 가로등 밑의 군인 둘이 그대로 있다.

설봉호 내 종업원들은 대부분 외국인이라 표정으로 서로의 뜻을 살핀다. 선실과 식당에는 팁 문화에 익숙하지 않은 국내관광객들에게 1불(1,000원) 정도의 봉사료를 권장하는 안내문이 곳곳에 붙어 있다.

아침을 먹고 이제 제법 익숙하고 여유 있는 동작으로 조별과 번호대로 모여 종업원들의 배웅을 받으며 오늘 일정에 나섰다.

관동팔경의 하나인 삼일포와 바다의 만물상이라 불리는 해금강을 돌아볼 것이다. 삼일포로 향하는 길은 마을을 깊숙이 지난다. 담 너머로 부엌이며 방안 장롱까지 들여다보이던 처음 길을 주민들이 항의하여 조금 돌아가도록 새 길을 내었다고 한다. 관광버스가 지나는 도로와 연결되는 모든 길은 소로小路까지 군인들에 의해 통제되었고 버스가 모두 통과할 때까지 주민들은 일정한 거리를 두고 기다려야 했다. 강가에 트럭을 대고 돌을 싣는 사람들이 보이고, 공동작업 공동분배 원칙에 따라 오늘 마쳐야 할 작업량을 표시해둔 빨간색 깃발이 들판 군데군데 보였다.

삼일포는 평화로운 호수의 느낌이었다. 어딜 가나 먼저 눈에 들어오는 것은 각종 선전문구를 새겨놓은 '글발' 이다. 금강산 일대에만 2,000여 개의 글발이 있다고 한다. 쓰레기 하나 없이 너무나 말끔한 것이 오히려 자연스럽지 못한 감을 주었다. 어제에 비해 긴장이 많이 풀어졌다. 삼일포를 나와 해금강으로 이동해 멀리 마주 보이는 남한의 통일전망대를 두고는 서로들 기념촬영하기에 여념이 없었다. 남한의 민통선과 같은 군사지역은 주변이 몹시 황량하고 삭막하여 절로 몸이 움츠러들었다.

마지막 날 온정각에서는 관광객에게 남새(채소)를 비닐에 담아 팔았다. 끼니때마다 인기가 좋았던 야채는 금세 바닥을 보였다. 기념품이나 기타 공산품은 모든 면으로 품질이 떨어져 보여 선뜻 집어지지가 않았다.

조금 지치고 허탈한 맘으로, 그리고 마지막으로 출입국관리소를 통과해서는 다소의 안도감마저 느끼며 설봉호로 돌아왔다. 짐을 정리하고 갑판에 나가 멀어져 가는 고성항과 금강산에 인사를 했다. 바다에 유난히 작은 배가 많았다. 때로 손을 흔드는 이도 보였다. 선실에서 잠을 자거나 이런저런 얘기를 나누는 중 불통이던 휴대폰이 이어지고 속초항에 닿았다. 대다수 일행들과 속초 여객터미널에서 헤어졌다. 서울과 경기도 지역, 방향이 비슷한 몇이 남아 고속버스를 이용해 서울까지 와서 다시 각자 흩어졌다.

서울에는 비가 내리고 있었다. 긴장이 풀려서인지 몹시 지친 상태로 자정이 넘어 집에 도착했다. 내일, 여느 날과 다름없이 출근하게 될 것이다. 그 생각이 다시 허전함과 안도감을 동시에 준다.

몇 개월이 지나서 나머지 정리를 하고 덧붙인다.

우리와의 일정이 마지막이라던 가이드 아가씨, 버스 안에서 노래를 부르며 울먹였다. 인상 선하였던 조선족 기사 아저씨의 수줍은 웃음도 생각난다.

귀하고 소중한 여행이었다. 다시 꿈꾼다, 짧지만 긴 여행……

타이완 일기

–생각에게

도대체 떨쳐버릴 수가 없다. 멀리, 내가 이렇게 하늘을 날아 낯선 땅에 내린 거리보다도 더 먼 공간적 거리로 멀어져 있을지 모른다는 생각이 아프다.

새벽길을 지나 인천공항에 내려 두리번거리며 환전을 하고,

짐을 부치고 36번 게이트를 통해 홍콩행 비행기에 오르면서도 여기 저기 숨어 있는 누군가가 자꾸 밟힌다.

후끈한 열기가 목을 넘는 타이페이공항을 빠져 나오며 한숨이 나왔다. 이곳도 여전히 사람 사는 땅이고, 알아들을 수 없는 말 때문에 눈길만 안타깝게 엉키긴 하지만 별로 다를 것 없으리라 여겨지는 삶이 어찌 이렇게 슬픈가. 왜 기운이 빠지고 걷는 길이 가라앉을까. 모든 인연은 잠시 만나 돌아나가는 물굽이여야 한다. 마음을 다진다. 멀리 흘러가 있을 것이다.

이층버스로 이동을 했다. 좁은 도로 가에 있는 음식점에서 이곳 음식을 처음 맛보았다. 뷔페식으로 일회용 용기를 사용해서 쌀국수, 부친 계란, 튀긴 닭고기, 볶은 양배추, 밥 등을 먹었는데 익숙하지 않은 특이한 향 때문에 맛을 느낄 수가 없었다. 대만은 생수가 귀해 밥을 먹을 때도 음료수를 즐겨 먹는다.

대충 끼니를 때우고 중국의 5,000년 역사를 보여주는 보물과 미술품을 세계에서 가장 많이 보유하고 있다는 국립고궁박물관으로 이동했다. 박물관 입구의 장개석 동상 앞에서 단체사진을 찍는 중에 갑자기 빗방울이 떨어졌다. 해가 멀쩡한데 비가 내렸다. 잠깐 내린 비로, 보이는 도시풍경이 더욱 가까이 다가왔다.

박물관 관람은 필히 전문가이드와 함께여야 한다는 걸 강조하고 싶다. 운 좋게도 한국인 전문해설사가 동행하는 팀을 만나 시간이 되는 데까지 따라다니며 열심히 설명을 들었다. 인간의 잠재능력은 어디까지인가. 집요한 예술혼과 무한한 정신력이 묻어나는 불가사의한 작품들을 보며 내내 입을 다물지 못했다. 손바닥 크기 조각품 하나에 60년의 세월을 들이고, 현미경을 통해야만 제대로 보이는 부분에 갖은 표정까지 새겨놓은 질긴 집념의 근본이 못내 궁금하다. 윤회輪廻의 의미로 죽은 사람 입에 물려준다는 '매미'의 여러 모양이 인상적이었다. 아쉬움이 크다. 박물관은 기회가 되면 여유 있는 시간으로 다시 오고 싶다.

대만의 국립고등학교 기숙사에 마련된 숙소로 돌아와 이 글을 쓰고 있다. 조금 전 지역 국회의원이 내는 만찬을 마쳤다. 바로 옆으로 시커먼 바다가 출렁이고 있었다. 난간 아래로 바닷물이 기어오를 듯 철벅거리는 소리를 고급요리보다 더 맛있게 들었다. 붉은 색이 많다. 오늘 하루 두 번 비가 내렸다. 다시 생각난다…… 쉬고 싶다. 궁금함도 잠시 쉬고 싶다.

–동네 구경

이곳에는 새벽의 신선한 공기가 없다. 굵은 나무 그늘이 넓고 풀이 무성해 산책을 하려고 나왔는데, 습도 높은 여름 한낮 온도로 숨이 훅 막혔다. 손바닥 크기 나팔꽃만 보고 그냥 들어왔다.

보라색 빵과 주먹만 한 만두와 흰죽에 우리나라에서 가져 온 고추장을 찍어서 아침을 먹었다. 붉은 색을 좋아하는 이곳 사람들인데 음식에는 붉은 색이 없다.

'삼지향' 은 대만의 지방 소도시쯤 된다. 공연 준비를 하는 일행을 떠나 가까운 시장을 둘러보았다. 대만은 교통수단으로 오토바이를 많이 이용한다. 50cc급 오토바이가 수십 대씩 신호대기에 서 있다가 경주하듯 달려 나가는 모습은 자주 걸음을 멈추게 하는 구경거리였다. 시장 가운데 요란하고 복잡하게 치장한 절이 있었고, 맞은편 조금 벗어난 뒤로 일반 가정집 모양 건물에 '천주당' 이라고 써 있는 가톨릭교가 있었다. 잠겨 있어서 들어가지는 못했다.

여러 가지 물건을 샀다. 나무껍질로 엮은 모자 60원, 담배 한 갑 30원, 아들아이 줄 생각으로 장난감 30원, 과자 10원, 링 옥팔

찌 100원… 일본인이냐는 물음에 한국인이라고 대답했다. 산 닭을 그 자리에서 잡아주는 닭 집이 있고, 재신財神을 모신 제단을 꾸미는 재료들로 보이는 홍등과 각종 조화, 향, 초 등을 파는 가게가 있었다. 음식을 파는 가게가 자주 보였는데 조금도 먹고 싶은 생각이 들지 않았다. 냄새 때문에 숨을 쉬지 않고 지나곤 했다.

더웠다. 무엇보다 더워서 오래 밖에 있기가 괴로웠다. 하루에도 몇 번씩 비가 뿌렸지만 시원함이 아니라 습도만 높였다. 하지만 에어컨으로 인해 건물 안은 추웠다. 더워서 안으로 들어가면 춥고 추워서 다시 밖으로 나오면 또 금방 끈적거리며 덥다. 계속 들락날락했다. 모르는 사람이 보면 꽤 안절부절못해 보였을 게다.

식사 때마다 우리가 먹는 음식이, 평소 이곳 사람들이 자주 먹지 못하는 최고급이라고 한다. 가운데 작은 원이 있는 큰 원탁에 7, 8명이 앉아 가져 온 음식을 돌려가며 덜어서 먹는데 대부분 그대로 남았다. 입맛에 맞는 닭고기나 새우, 오징어 요리, 과일 정도를 빼고는 열 가지쯤 나오는 요리가 그대로 나가는 게 신경이 쓰였다. 오늘 두 번의 공연을 마친 아이들은 지쳐 보인다. 그래도 서로 사이좋게 참 잘 지낸다. 모두 예쁘다.

편안하게 그들을 지켜보면서도 순간순간 생각의 늪 속에 빠진다. 멍하니 허공에 놓아보는 얼굴들, 그러면서 분명한 모습이 잡히지 않는다. 멀리 언덕 밑, 일렁이는 저 바다처럼 닿을 수 없을 듯한 예감 때문에 쓸쓸하다.

샤워를 하고 알아들을 수 없게 떠드는 TV를 그냥 보고 있다. 졸리다.

–바다

얼마 전 국제 행사가열렸던 일란시로 가는 해안도로는 풍광이 좋았다.

눈이 아프도록 바다를 봤다. 보이는 것이 그 뿐이었다. 하루 종일을 오고 가는 일로만 보냈다. 나는 곧 돌아갈 것이다. 오늘 떠나온 이 길에서 돌아갈 것이고, 잠시 내려놓은 일상의 생활로 돌아갈 것이고, 내가 달라지지 않으면 벗어나고 싶은 그 혼란으로 그대로 돌아가게 될 것이다. 두려운가, 무엇이 두려운 것일까. 끝없는 바다만큼 하염없이 밀려드는 번뇌의 물결이 날 무기력하게 만든다.

생각에 눌려 숨이 멎을 것만 같다. 그들은 가까이 다가오지도 않고 멀리 물러나지도 않는다. 늦은 시간, 물먹은 솜같이 되어 숙소에 도착했다. 다리가 무거워 걸음이 잘 걸리지 않았다. 우리나라에 비가 많이 내렸다는 소식이 들렸다. 몇십 년만의 폭우로 인명피해도 크다며 다들 집으로 안부전화를 했다.

TV화면으로 또 그 광고가 나온다. 우는 아기를 안은 채 등에는 무거운 냉장고를 짊어진 남자가 역시 울면서 가파른 계단을 힘겹게 오르는 모습, 배경음악도 참 처량하다. 무슨 광고일까 궁금하다.

어느 사이 잠들었을까.

–야시장

아침 일찍 타이페이시로 이동했다. 80년 동안 집권당이었다가 올해 야당으로 밀려난 중국국민당중앙당사에서 공연이 있을 예정이다. 리허설로 모두 바쁘다. 리허설을 구경하다 심심해진 나는 조용히 밖으로 나왔다. 와, 햇살이 대단하다. 금세 등으로 땀이 흐른다. 가까운 거리에 있는 중국 국립음악청을 둘러보았다. 그늘에서 기합소리와 함께 소림사 영화에 나오는 모습으로 검술연습을 하는 사람들 주위로 관광객 몇이 서성일 뿐, 눈먼 햇살만이 소나기처럼 부어지고 있다. 더워서인지 나다니는 사람이 드물다. 여기서는 말이 필요 없다. 물고기가 더 많아 보이는 연못가에 앉았다. 도시락을 준비해온 노부부가 느릿느릿 손을 놀리며 얘기를 나눈다. 뜻을 모르는 그냥 소리다. 새소리, 물소리처럼 자연스럽고 부담 없이 들린다.

잠깐 둘러보고 온다는 것이 지체되어 타이페이 시장이 마련한 정찬 장소로 이동하는 일행을 놓치고 말았다. 정해진 시간 때문에 기다리지 못하고 움직인 일행들은 걱정이 많았던 모양이다. 공연단 일원인 딸아이에게 우선 면목 없었으며, 도움이 되어야 하는데 오히려 그 반대의 상황을 만들어 모두에게 미안한 마음이었다. 나 때문에 남아있던 현지인과 지하 식당에서 커피와 햄버거를 먹으며 내내 마음이 편치 않았는데 점심을 먹고 돌아 온 일행들은 오히려 함께 가지 못한 것을 아쉬워하며 위로해주었다. 단체활동에서 아무에게도 말하지 않고 개인행동을 한 것이 불러온 불찰이었다.

오늘로서 예정된 공연을 모두 마친 단원들은 매우 홀가분해 보인다. 저녁 식사를 마치고 야시장을 구경나갔다. 이리저리 몸 부딪치는 사람들 사이로 현지인이 뒤로 맨 가방을 모두 앞으로 안으라고 일러주었다.

인근에 300년 되었다는 절의 내부는 너나없이 피워 올린 향으로 매캐하고 어둑어둑했다. 절담을 따라서 안마사들이 의자 하나씩을 앞에 놓고 손님을 기다리는 줄이 길게 이어졌다. 바둑판 같은 상점들이 나란히 불을 밝히고 있는 시장 안으로 들어갔다. 돌아가 만날 사람들을 위해 선물을 사느라고 어느 때보다 활기찬 모습들이었다. 일본 물건이 많이 들어와 있었다. 통역을 맡은 분이 가려주었다. 서툰 영어와 짧게 배운 중국어를 섞어가며, 파는 사람도 사는 사람도 모두 열심이었다. 갑자기 비가 내려 처마 밑으로 뛰기도 했다. 나도 가까운 사람들을 위해 몇 가지 상품을 골랐다. 내일이면 돌아간다. 돌, 아, 간, 다.

–폭우

며칠 간 나를 받아주고 재워준 숙소와는 제대로 이별을 나누지 못했다. 손바닥만 한 시커먼 거미가 기어다니던 벽을 잠시 바라보았다. 학교 기숙사라 분위기가 달랐을까? 가방이 무거웠다. 내려놓지 못하고 무엇이 됐든지 하여간 더 담아가는구나 싶은 게 씁쓸하다.

대만의 제2도시 신장시장은 여성이었다. 매일 모자를 바꿔가며 쓴다던가? 신장시장이 마련한 점심을 마지막으로 출국 길에 올랐다. 버스를 타고 타이페이공항으로 가는 2층 버스 안에서 우리는 폭우를 만났다. 부어지듯 쏟아지는 비에 금세 바닥이 내처럼 물을 흘려보낸다. 이런 정도면 비행기가 못 뜨지 않을까? 우려인지 기대인지 모를 수군거림이 들려왔다.

"비행기는 구름 위를 지나기 때문에 비와는 상관없다"는 누군가의 말소리가 이어졌다.

예정된 시간 안에 우리는 공항에 도착했고, 요란하게 몸을 뒤틀던 거대한 쇳덩이는 새처럼 가볍게 하늘을 날았다.

나는 돌아왔다. 다시 그리워하고 지겨워하고 떠나고 싶어하리라. 다시 떠나기 위해 더욱 열심히 살 것이다.

무엇보다 기분 좋은 건 나를 감싸는 상쾌한 밤공기이다.

가깝고도 먼 이웃, 일본

1.

KTX 역방향과 순방향이 만나 마주보는 4인 가족석을 예매하니 정상요금에서 30% 정도 할인이 되었다. 경기도내 문화원 직원 중 4인씩 묶어 몇 팀을 만들어 서울역에서 만났다. 지방문화원에 근무한 지 만 10년이 넘었다. 앞으로 어떤 세월이 기다리고 있을지 알 수 없으나 내 인생에 있어 전성기였다는 말을 조심스럽지만 꺼낼 수 있을 것 같다.

법률에 의한 설치근거를 갖고 세워진 지방문화원이지만 90%가 지자체의 보조금으로 운영되는 현실에서 바람이 없을 수 없다. 이제까지 그 바람을 잘 비켜왔으며, 정면으로 불어오는 바람에 뿌리째 흔들리기도 했으나 다행스럽게도 잘 버티어 왔다. 모든 일이 그렇듯 바람은 지나가고 곧 잠잠해진다. 말없이 힘이 되는 고마운 사람을 새롭게 발견하기도 하면서, 한발 물러서는 건지 한발 나아가는 건지 알 수 없는 담담함을 품게 되었다. 일부 국비가 지원된 이번 우수문화원 해외연수 참가는 그런 면으로 더욱 소중하고도 감사하게 받아들여진다.

일행은 부산역에 내려 먼저 돌아오는 날 차편 예매를 했다. 평일 주중이라며 다시 7% 할인이 추가되었다. 소시민인지라 이런 작은 혜택에 기분이 좋다. 부산역에서 부산항국제여객터미널로 이동하여 여행사직원들을 만났다. 오후 6시, 출국수속을 거친 후 부산 출발 시모노세키 향발 부관훼리 성희호에 승선했다. 출항시간은 오후 9시였다. 저녁은 국과 반찬 서너 가지 나오는 선내

식이었다. 한 끼 800엔, 우리 돈으로 약 8,000원 셈이다. 다들 비싸다며 머리를 저었으나 깔끔한 맛이 있었다. 여러 사람이 쓰는 선실도 예상보다 깨끗한 느낌이었다. 적당히 자리를 잡고 모여 앉아 노는 분위기가 만들어졌다. 한정된 공간에서 다같이 보내야 하는 긴 밤인 것이다.

출항 후 얼마 지나지 않았는데 배의 흔들림이 커지면서 울렁거리는 증상이 나타났다. 바다가 편안하지 않은 것 같아 걱정이 되었다. 잠을 청하는 게 낫겠다 싶어 누워 중얼거려보았다. 자동차도 이 정도는 흔들려, 여기는 시골길이고, 나는 차를 타고 있는 거야.

2.

흐리고 비 뿌리는 날씨의 일요일이다. 오전 6시, 잿빛 하늘을 이고 종이배 같은 어선들이 흩어져있는 항구가까이로 배가 방향을 틀고 있었다. 혼잡을 피하기 위해 선내 식당은 정원에 따라 각 관광단체별 식사시간을 그때마다 정하는 듯했다. 식당에 들어가면 바로 먹을 수 있도록 차려져 있었으며, 부족한 밑반찬은 셀프

서비스 식으로 준비가 되어있다. 승선과 하선 때도 방송이 나오면 움직였다.

일본 시모노세키항 주변은 안개에 쌓여 있었다. 2007년 하반기부터 일본 입국시 테러 미연 방지를 위한 개인식별 정보제공 의무화로 인해 입국심사시간이 오래 걸렸다. 여권을 제출하고 양쪽 검지손가락의 지문과 얼굴사진을 일일이 찍어야 했다. 지문인식은 몇 번씩 되풀이해야 다음 단계로 넘어가는 벨이 울렸다. 의외로 연세 많으신 등산복 차림의 관광객이 많았다. 이래저래 지루하고도 아까운 아침 시간을 보냈다.

입국 심사 통과 후 로비에서 일행이 모두 나오기를 기다렸다. 벽을 따라 '야마구치현 자매도 경상남도, 시모노세키 자매도시 부산' 이라는 광고판이 사진과 함께 나란히 붙어 있었다. 예상대로 날씨가 흐렸다.

오늘은 일본에서 학문의 신을 모시는 신사 총 본산인 다자이후 텐만구(천만궁)와, 일본 3대 성의 하나인 구마모토성 답사 그리고 공식일정으로 우리나라의 문화원과 비슷한 기관인 '구마모토현 기쿠치군 기쿠요마치 중앙 공민관' 을 방문할 예정이다. 우리가 탄 버스는 4개의 주요 섬과 4,000여 개의 작은 섬으로 이루어진 섬나라 일본의 수도 동경과 시모노세키 항이 있는 '혼슈' 섬에서 우리가 주로 머물게 될 '규슈'를 이어주는 간문대교를 건넜다. 한 시간 정도 이동하는 동안 가이드로부터 대략 일본에 대한 설명을 들었다.

일본은 습도가 높아 자연발화가 되지 않기 때문에 산불이 거의 나지 않는다. 흙으로 이루어진 산이 대부분으로 비가 내리면 산사태가 쉽게 일어난다. 산림의 90%는 삼나무이며 나머지가 삼나무와 공생을 이루는 대나무이다. 지진에 대비해 집은 대체로 높게 짓지 않으며 주재료가 나무에다 지붕의 기와도 가벼운 세라믹(도자기)이다. 습도가 높아 집은 지상에서 30cm 가량 띄워 짓는다. 막연하나마 일본에 대해 알고 있다고 생각한 많은 부분이 달랐으며 머리로 알고 있는 것과 직접 보는 것의 차이는 역시 컸다. 사람 빼고 다 있다는 자판기천국의 나라, 운전석과 도로가 우리와 반대인 땅. 1,000cc 미만의 경차 종류만 200여 종 되며 그 수명은 보통 15~20년, 음식물 쓰레기 처리비용이 세계에서 가장 적게 드는 나라.

공기는 맑았다. 다자이후 텐만구에는 사람들이 많았다. 무슨 의식이 있는지 본전 앞마당에 차일과 천막이 쳐 있고 그 안에 많은 기모노 차림의 여인들이 본전에서 진행되고 있는 제를 지켜보고 있었다. 학문의 신을 모신 신사답게 이곳은 학생들 수학여행 코스로, 입시 철엔 수험생 합격기원을 위해 찾는 곳으로 유명하다는 설명이다. 넓은 연못엔 진한 녹색의 이끼가 나무 줄기를 따라 잔디처럼 자라고 있었다. 점심은 근처 식당에 도시락 형식으로 마련되었다. 날이 흐려 따뜻한 국물이 그리웠는데 미리 준비된 음식은 거의 식어 있었다. 생각만큼 음식이 맞지 않았다. 구마모토 성으로 이동하였다. 이 성은 임진왜란 후 우리의 축성법을 배워와 돌로 지은 산성으로, 메이지 유신 이후 비정규군인 사무라이들이 갇혀 결사 항전했던 곳으로 유서 깊은 성이다. 성루를 비롯한 대부분의 건축물 모양은 모자라 보일 정도로 단순하고 간결한 느낌이었다. 공식방문인 공민관 일정을 맞추기 위해 느긋하게 돌아볼 수 없음이 아쉬웠다.

농촌지역인 기쿠요마치 중앙공민관은 우리의 오래된 시민회관이나 좀 규모가 큰 마을회관 같은 건물이었다. 일요일임에도 지역의 교육장과 중앙공민관 직원 여러분이 우리를 맞이해 주었다. 요리교실회원들이 직접 만들었다는 빵 비슷한 당고와 음료수 하나씩 주고받으며 인사를 나누었다. 간단한 질의응답 후 한국어 교실 수강생들의 자기소개와 우리의 「고향의 봄」 노래를 들을 수 있었다. 한복을 입은 중년의 그녀들은 순서대로 한국어를 배우게 된 동기와 앞으로 계획에 대해 간단히 들려주었다. 말로만 듣던 우리 연예인들의 한류열풍을 느낄 수 있었다. 한 여인은 다음 주 부산에 가서 송승헌 나오는 영화를 볼 예정이라며 너무 설레고 기대가 된다고 했다. 곧 개봉할 영화 「숙명」을 말하는 것 같았다. 문화원 연합회에서 방문기념 선물로 축소해 만든 우리의 '솟대'를 건네었다. 마을 어귀에 세워 수호신 역할을 하거나 나쁜 기운을 막는 경계 의미 통역을 들으며 크게 고개를 끄덕이었다. 그들은 버스가 보이지 않을 때까지 손을 흔들며 우리를 배웅했다.

숙소가 있는 아소로 이동, 아소카도만 호텔의 전통 다다미방 2인 1실에 들었다. 바닥에 깔린 다다미에서 특유의 냄새가 났다. 목욕, 세안, 화장실이 작은 공간으로 나뉘어져 있다. 현재도 활발히 화산활동을 하고 있는 아소산 인근은 칼슘이 많아 농작물이 잘 자라 2모작이 가능하며 이곳 온천은 피부에 좋다고 한다. 언제 다시 이곳의 온천을 경험하게 될지 모르는 일 아닌가.

3.

맑은 날이다. 미세 먼지가 없어 공기도 깨끗하고 시야도 넓게 멀리 나간다. 원숭이쇼를 관람했다. 우리가 본 공연엔 일곱 살과 한 살 원숭이가 출연했다. 사람 나이로는 스물한 살과 세 살쯤이라고 한다. 준비자세인 듯한 뒷짐을 지고 다리를 벌리고 선 모습과 천연덕스런 몸짓에 연신 웃음이 나왔다. 기저귀를 차고 나온 어린 원숭이는 귀여우면서도 겁먹은 모습이 보여 안쓰러웠다. 한국어 자막으로 재치 있게 표현한 공연설명이 묘기의 재미를 더했고 공연이 끝나고는 조련사가 어린 원숭이와 악수를 하며 기념사진을 찍게 해 주었다. 백 마리 중 훈련을 통해 공연을 할 수 있는 원숭이가 다섯 마리 정도 나온다는데 그 과정이 원숭이에게 과연 다행일지 불행일지 판단이 안 되었다.

산 아래에서 케이블카를 타고 아소 활화산 분화구 가까이 가볼 수 있다는 말에 기대가 컸다. 시뻘건 불덩어리가 끓는 물처럼 튀어 오르는 장면을 혹시 직접 보게 되는 건 아닐까 하는 기대와 상상으로 설레었다. 아소산맥 일대는 화산활동으로 인해 땅에 영양이 없어 나무는 자라지 못하고 가을이면 키를 넘는 갈대가 장관이라고 한다. 민둥민둥한 산과 언덕 사이를 버스는 느리게 회전하며 오르고 올랐다. 어느 지점에서부터 멀리 회색연기가 솟아오르고 있는 산봉우리가 보였다. 버스가 케이블카 타는 곳에 이르렀는데 바람의 방향에 따라 분화구에서 배출되는 유황가스가 관광객을 위험하게 할 수도 있어 관람운행이 중단되었다는 소식이 전해졌다. 전형적인 복식화산으로 세계에서 가장 큰 칼데라를 지척에 두고도 볼 수 없게 되어 몹시 서운한 마음이었다. 용암이 흐른 검은 부분이 그대로 남은 아소산 주변은 황량하고도 삭막하여 지구의 끝에 와 있는 기분을 주었다. 아쉬움을 달래는 건지 더 키우는 건지 모르게 꾸역꾸역 솟는 아소산 연기가 바라보이는 근처 식당에서 뷔페식 점심 식사를 했다. 역시 먹을 게 없었다. 그나마 입에 맞는 카레를 조금 가져다 먹었다. 다들 괜찮다는 녹차도 내 입맛엔 향도 맛도 지나치게 두꺼웠다. 못내 아쉬운 마음에 멀리 펼쳐진 고원과 호수주변 대초원으로 '풀이 천 리' 라는 뜻의

'쿠사센리' 와 쌀무덤으로 불리는 '고메츠카' 를 차창을 통해 디카에 담으며 그곳과 멀어졌다.

젊은이들에게 인기가 있어 규슈의 명소로 뽑히고 있는 유후인은 양지바른 언덕 위 작은 집처럼 아름답고 아기자기했다. 온천호수인 긴린코호수 주변은 평화로운 한 폭의 그림 같기만 하다. 호수 가장자리에 갈대로 대충 지붕만 두른 속에 노천온천욕을 즐기는 사람들 모습은 영락없는 동화 속 신선놀음이었다. 우연하게도 남들과 반대방향으로 길을 잡아 인적이 드문 변두리부터 살피게 되었다. 긴린코호수에서 흘러나오는 물은 온천수라 따뜻했다. 한 여인이 빨래를 헹구고 있는 모습이 정겨웠다. 햇볕은 따갑지 않게 눈부셨고 사람들은 여유 있어 보였다. 고양이, 까마귀, 부엉이, 너구리를 상서로운 동물로 여기고 있어서인지 중심부에 빼곡히 늘어선 크고 작은 상점에는 위 동물을 이미지화한 상품들이 많았다. 각종 전문몰과 공예품점, 체험장, 장난감 가게 같은 아기자기한 모양의 거리를 조금이라도 더 보려고 부지런히 다녔다. 숨이 찼다. 다시 봐도 싱싱한 그 거리를 뒤로하고 일본 제일의 온천도시이며 원천수 2,848개소로 세계제일인 오이타현 벳부시로 향했다.

벳부시가 가까워지며 멀리 밥 짓는 굴뚝의 연기 같은 풍경이 곳곳에 펼쳐졌다. 이곳은 일반 가정집에서도 온천이 나온다고 한다. 중간에 버스를 잠시 세우고 길가 한 식당에서 저녁을 먹었다. 처음으로 그나마 익숙한 초밥, 튀김, 우동이 나와 모처럼 즐거운 식사시간이었다. 숙소는 벳부만 로얄호텔로 일본천왕이 묵은 호텔로도 유명하다며 가이드가 자랑하였다. 호텔에서 보는 일출이 아름다워 작품사진에 자주 등장한다는 벳부항이 한눈에 내려다 보인다. 객실이 9층이었는데 자살방지를 위해 창문이 아주 조금만 열리게 장치되어 있었다. 낯선 여행지 숙소에서 양쪽으로 객실이 늘어선 복도, 계단, 엘리베이터에 혼자 나서게 되면 대체로 무서움을 느낀다. 그런데 여기는 달랐다. 창으로 쏟아지는 햇빛 때문인지, 바닥과 천장의 밝고 따뜻한 색감 때문인지 모르겠으나 길다란 복도가 거닐고 싶은 편안함으로 다가와 적잖이 놀랐다. 이곳 온천이 내장에 좋아 소화기능 등을 돕는다는 말에 그냥 쉬려던 마음을 바꿔 온천에 들었다. 손목을 잡아끌어 따라 나간 노천탕에 탐스런 장미꽃송이가 가득 떠 있었다. 향기는 잘 맡아지지 않았으나 뜨거운 온천수에도 싱싱하게 살아있었다. 호사스러운 밤이었다.

모두들 한 방에 모이는 분위기였으나 TV를 보며 쉬었다. 객실의 넓은 창 아래로 항구의 가로등과 나룻배들이 보이고, 터널을 빠져나오는 기차소리 들리고, 흐르는 시간이 만져진다. 복도를 타고 간간이 들려오는 왁자한 웃음소리와 박수소리가 자장가처럼 정겨운 밤이다.

4.

위치 상 조금 더 동쪽이라 우리나라보다 한 시간 가량 일찍 해가 뜬다고 들었다. 05:45 바다에서 해가 올라왔다. 손에 잡힐 듯 가까운 거리이다. 호텔 주변을 걸었다. 깨끗하고 맑은 공기에 속이 다 시원하다. 가짓수 많은 호텔 뷔페가 더 먹을 게 없다. 모닝빵과 오렌지주스를 조금 먹었다.

오전 첫 번째 일정으로 히지마치 중앙공민관 공식방문이 있다. 지역의 중앙공민관은 아래로 소규모 지구 및 자치공민관을 관리 지원하는 역할을 한다. 히지마치 중앙공민관도 지역 내 78

개소의 공민관을 관리하고 있다. 우리의 평생학습센터, 주민자치센터, 문화원과 비슷한 기관으로 보면 맞을 것이다. 이곳의 노인들을 위한 프로그램에는 게이트볼, 그랜드골프, 구슬치기 등 몸을 움직이는 운동과 요리, 서예, 원예, 다도 등 강좌가 있고 목공공작실, 화실을 비롯한 각종 실습실을 갖추어 취미와 여가를 함께 활용할 수 있도록 하고 있다. 일본은 우리보다 일찍 고령화가 시작되었기에 그에 대한 대비 등 시설도 빠르게 자리잡고 있다. 우리나라의 60대 게이트볼 선수단이 대회참가 차 일본에 오기도 하는데 일본의 80대 선수들에게 예선탈락을 하기 일쑤라고 한다. 나이와 상관없이 10여 년을 앞선 훈련차이를 극복하지 못하는 것이다. 열띤 질의응답 시간을 거쳐 기념사진을 찍고 공민관을 나섰다.

일본인을 보통 겉과 속이 다른, 이중적으로 보는 경향에는 언어나 문화의 특성이 작용하지 않나 생각한다. 일본어 공부하는 딸아이 얘기를 들어도 깊이 파고들수록 문장의 피동과 능동이 복잡하게 얽힌다고 한다. 종교나 문화도 토속적인 면과 현대적인 면, 동양과 서양의 생활양식이 함께 융합하여 독특한 문화를 보이는 듯하다.

국민신앙으로 가장 넓게 퍼져있는 일본의 종교는 씨족신과 자연을 섬기는 신도神道이다. 그 외 불교, 기독교 순이다. 아기가 태어나면 신사에 가서 건강과 장래를 빌고, 성년이 되어 결혼식은 성당이나 교회에서 화려하게 치르고, 죽은 이의 장례식은 사후세계의 복을 기원하는 의미로 불교식으로 치른다고 한다.

우사신궁으로 향했다. 신도의 신을 제사지내는 사당인 신사神社에는 여러 호칭이 있는데, 천황과 관계가 있는 신앙의 대상을 모신 곳을 신궁이라 부른다. 우사신궁은 고뇌를 없애주는 신궁이라는 설명이다. 기둥과 테두리의 오렌지색이 자극적으로 선명하다. 공간이 넓고 고요하다. 사람은 많지 않다. 내부는 들어갈 수 없다. 셀 수도 없는 많은 명패들이 곳곳에 세워져 있다. 일본 황실을 상징하는 국화꽃모양이 있는 문전에 참배하는 이들이 보인다. 동전을 넣고 박수를 치며 절하는 방법을 알려주며 소원을 빌어보라고 한다. 정서적인 동화가 안 되어 소원을 빌지는 않았지만 동전을 던지며 흉내를 내 보았는데 역시 어색하다.

우사신궁 입구 한 토산품 상점 2층에서 점심을 먹고 규슈국립박물관으로 향했다. 시간 없다는 이유로 생략하지 않을까 내심 염려했는데 잠깐이라도 둘러보기로 했다. 도쿄, 교토, 나라에 이어 일본에서 4번째로 설립된 규슈국립박물관은 2005년에 '일본 문화 형성을 아시아사(史) 관점에서 생각해본다'는 컨셉으로 개관하였다. 한국어로 된 홍보물에 건물의 특징을 간략히 설명하며 '매우 박력 넘치는 건물입니다'라는 표현이 눈에 들어왔다. 4층 '아시아관'만 보기로 했는데 전문해설사도 없이 시간에 쫓겨 그야말로 주마간산 격으로 지나쳐 적잖이 아쉬운 마음이었다.

버스에 오르기 전 궁금하게 여긴 깃발에 대해 가이드에게 물었다. 벳부만 로얄호텔 진입로에 물고기모양의 깃발 세 개가 차례로 달려있었다. 바람이 불면 원통모양으로 부풀어 물고기모양이 제대로 보였다. 버스로 이동하며 마을 중간에 높이 매달려 있는 걸 보기도 했다. 점치는 집이나 그 비슷한 장소를 상상했으나 호텔에 있었던 걸로 보면 맞지 않았다. 가이드 얘기로는 잉어 물고기로 매년 4월에 달며 아빠, 엄마, 아이 해서 네 마리를 단다고 한다. 개인이나 마을공동체로 달기도 하는데 가정과 마을의 무사태평을 비는 의미라고 했다. 또한 예전에 아들을 낳으면 축하의

미로 잉어깃발을 달았으며 요즘은 5월 5일을 즈음해 단다고 한다.

항구로 출발하기 앞서 면세점을 들렀다. 술을 즐기시는 친정아버지께 드릴 민속주 한 병을 샀다. 입국 때와는 다르게 가볍게 출국심사를 거쳐 배에 올랐다. 저녁식사 때 나온 김치찌개가 더없이 반가웠다.

5.

마지막 밤은 요란했다. 옆방의 어르신들이 밤늦도록 흘러간 옛 노래를 연이어 합창하는 것으로 여행의 마무리를 장식했기 때문이다. 서글픔까지 슬며시 끼어드는 밤이었다.

부산은 가는 비가 내리고 있었다. 예정보다 일찍 하선과 통관 절차가 이루어져 KTX 예약시간이 많이 남았다. 차 한 잔 마시며 느긋하게 부산을 바라봐도 좋을 것 같았으나 일행 중 한 사람이 서둘러 열차표 시간을 바꾸어 곧 열차에 올랐다. 대전 역 부근에서부터 하늘이 맑아졌다.

전철과 버스를 타고 내리며 새삼 우리의 거리를 눈여겨보았다. 이번 여행에서 가장 먼저 느끼고 피부에 와 닿은 부분이 거리의 깨끗함과 정리정돈이었다. 길에 널려진 쓰레기를 볼 수 없었고 갓길에 세워둔 차 한 대 볼 수 없었다. 동네 작은 마켓이라도 주차장이 없으면 문을 닫게 된다는 말처럼 건물이 차지한 공간만큼 주차공간이 함께 있었다. 집 주변에는 작은 구석일지라도 정성껏 나무나 꽃을 가꾸고 있었는데 지나친 애정의 탓인지 몰라도 본래 그대로의 자연미는 없어 보였다. 쓰레기를 어떻게 처리하는지 궁금할 정도로 화장실 외 다른 곳에서는 쓰레기통을 찾아보기 어려웠다. 공원이나 공공시설 어디에서든 각자의 쓰레기를 되가져오는 습관이 철저하게 굳어져 있다고 했다. 그런 면에서 우리가 경제선진국일지는 몰라도 문화는 뒤떨어진 것이 아닐까 되돌아보게 되었다.

단편적이지만 일본의 정서가 내게 맞겠구나 싶은 생각이 살짝 들었었다. 그런데 그 정서를 가장 잘 드러낸다고 생각한 음식문화가 의외의 거부감으로 다가왔다. 함께 먹는다는 느낌이 전혀 없는 철저한 개인식단이 그랬다. 아기자기하게 보기만 좋을 뿐인 종지 같은 그릇에 담긴 적은 양의 밍밍한 음식들, 입맛에 맞지도 않았으나 아무리 봐도 정이 가는 밥상이 아니었다. 음식물처리비용이 세계에서 가장 적게 들 것은 확실해 보였다.

나도 몰랐던 또 다른 내 모습을 발견하는 순간이었다.

3부

말하지 않아도 느낌으로 알 수 있는 것에 대해

좋아하는 문장

'사랑 : 상대방을 생각하면 쓸쓸해지는 마음의 상태. 〈추상명사〉'

이 문장을 좋아합니다. 조금 좋아하는 게 아니고 아주 많이 좋아합니다. 누구에게든 사랑한다는 말을 잘하지 않습니다. 아니 사랑한다는 말을 잘하지 못합니다. 혼자서 연습을 하여 보기도, 꼭 해야지 다짐해볼 적도 있었지만, 어쨌든 진심을 다해서 '사랑한다' 고 상대방이 듣도록 소리내어 말을 한 기억이 거의 없습니다.

상대방을 '바라보면' 이 아니고 '생각하면' 입니다. 차고 음산한 날씨의 쓸쓸함이 아니고, 여기선 외롭고 적적한 기분의 쓸쓸함일 테지요. 쓸쓸함에는 온갖 끓어오르는 감정이 아닌, 걸러지고 잦아든 감정이 있습니다.

난 앞으로 이렇게 말할지 모르겠어요.

'당신을 생각하면 마음이 쓸쓸해져요.'

'너를 생각하면 마음이 쓸쓸해……'

쓸쓸함까지는 저마다 복잡하고 힘든 여정을 겪고 지나와야 닿게 됩니다. 친하고 가까운 사이인데 이러한 마음이 들지 않으면 그건 좋아하는 겁니다. 담백하고 개운한 '좋아하는 사이', 좋아하는 사이는 가볍고, 따뜻하고, 편안합니다.

이 글을 끼적이며 새로운 발견을 합니다. 어려서부터 엄마는 내게 차고 냉정한 분이셨어요. 살가운 정에 대한 기억이 하나도 없습니다. 내가 엄마를 싫어하고 아버지를 좋아한다 생각하였고 늘 그렇게 말해왔습니다. 그런데, 아버지를 생각하면서 쓸쓸해지

---

* 가수 태무의 '별別' 뮤직비디오

지는 않았습니다.

엄마를, 사랑하고 있었던 겁니다.

말하지 않아도 느낌으로 알 수 있는 것에 대해

좋아하는 가요 중에 이선희의 「라일락이 질 때」라는 곡이 있어요. 가사의 첫 부분이,

'안녕이라는 인사는 내게 단 한 번도 말하지 않았어도, 나는 느낌으로 알 수 있었지, 이제 다시는 만날 수 없음을…'

이렇게 시작합니다. 이 노래를 들으며 실없는 생각에 잠겨봅니다. 나이가 들면서

'말하지 않아도 느낌으로 알 수 있는' 여러 가지 때문에 적잖이 시달리게 됩니다. 그 느낌이 정확해서, 감출 수 없이 드러나서, 어느 땐 '그럴 것이다' 하는 짐작마저 지나쳐서 그렇습니다. 몸으로 부딪쳐오는 그것은 지나온 경험과 맞물려 그대로 확신이 되어 버립니다.

느낌은 내 것이죠. 내가 느끼고 받아들인다는 면에서 볼 때는 선명하지만 상대로 보면 전혀 다른 방향일 수도 있습니다. 그런데 난 대체로 이 느낌에 많이 이끌려 온 편입니다. 확인하지 않고 되묻지 않은 채 느낌대로 받아들이기를 잘해왔습니다. 아마도 그 느낌을 지나치게 의지해 섣부른 결정을 내렸을 일도 많을 겁니다.

세상은 각기 다르죠. 사는 일도 옳고 그르다가 아니고 그냥 다르다고 생각합니다. 있는 그대로를 인정하고 받아들이는 것에도 끝없는 연습이 필요하구나 새삼 느끼는 중입니다. 옳고 그름의 정의가 뚜렷한 내 인식은 어쩌면 모가 많았던 것인지도 모르겠습

니다. 이걸 깨닫기까지, 느낌으로 알 수 있는 것도 말만큼이나 허무하고 믿을 수 없는 거라는 사실을 생각하기까지 너무 멀리 왔습니다. 숲에서 나와야 숲을 볼 수 있다는 것은 쉽고도 어려운 긍정 같습니다.

거짓말을 해서 엄마를 속상하게 한 아들아이에게, 네가 파랗다 말한다고 세상이 파래지는 건 아니라고 말하면서 그만 웃고 말았습니다.

다시 말했습니다.

"엄마가 속상해하면 넌 좋으냐?"

고개를 저으며 아니랍니다. 말하기가 어찌 이리 어려운지, 이 아이가 제대로 말하여지지 않는 부분까지 느낌으로 알아주었으면 하고 바라는 마음은 또 무엇인가요.

가을이 깊었습니다. 주변의 논들이 하루가 다르게 홀가분해지고 있습니다. 눈부시게 좋은 요즘의 계절도, 어느 틈인가 인사 한마디 없이 가버리겠지요.

길들임

운전을 하며 옆자리 휴대전화로 눈길이 갑니다. 휴대전화의 액정이 잠깐씩 햇빛과 만나며 맑은 빛줄기를 쏘아대기 때문이었는데, 언뜻 시선을 거두며 꼭 내가, 휴대전화가 잘 있는지 확인하는 기분이 들었습니다.

그러면서 지금의 나와 가장 가깝고 내 곁에 늘 머물며 내 관심을 받는 것이 누구? 무엇? 이라고 묻는다면 이렇게 수시로 내가 확인하는 저 휴대전화가 아닐까 하는 생각을 했습니다.

음악을 크게 틀고 달릴 때는 벨소리를 듣지 못할 수가 있습니다. 특별히 올 전화를 기다리는 것도 아니면서 진동으로 바꾸어 주머니에 넣거나 합니다. 잠을 잘 때도 머리맡에 휴대전화를 둡니다. 시간별로 알람을 맞추어 놓거든요. 어쩌다 한밤중에 잠이 깨었을 때는 머리맡을 더듬어 시간을 확인하곤 합니다. 아침에 일층까지 내려와 휴대폰 두고 온 것을 알게 되면 요즘은 다시 올라갑니다. 차에 몇 시간을 혼자 둘 때도 있습니다. 다시 돌아올 때까지 그 사실을 모르면 그만이지만 그렇지 않을 때는 몹시 신경이 쓰이곤 합니다.

그러고 보면 우린 서로 길들여졌습니다. 내 딴에는 매이지 않으려고 발신자 안내도 받지 않고 주로 받기만 하는 용도로 사용하여 전화요금이 기본요금을 넘지 않지만 일정부분 휴대전화는 날 구속합니다. 자연스레 날 방해하고, 어느 땐 반가움이 되고, 아주 드물게는 우울함에서 빠져나오는 역할도 합니다. 그 구속의 틀은 갈수록 튼튼해질 것 같습니다.

지인에게 선물 받은 '목어木魚'가 매달려 있습니다. '늘 깨어 있으라'는 뜻이 담겨 있다네요. 그 의미가 마음에 듭니다.

글쓰기

몇 달을 두고 손질하던 시 두 편을 버렸습니다. 서너 번 제목을 바꾸고, 마음에 들지 않는 부분을 손질하며 다시 보기를 반복했었습니다. 언뜻 괜찮은 듯하면서도 미심쩍어 한 열흘 정도 지내놓고 다시 보면 어김없이 고친 부분에서 머뭇거리게 되는 겁니다.

아시죠? 며칠 날이 넘치게 좋았습니다. 조금만 건드려도 날아갈 듯 달뜬 날씨에 마당의 목련나무가 가지마다 하얀 촛불을 들었습니다.

난, 오랜 어둠에서 나온 사람처럼 담 밑의 제비꽃과 여린 새순을 밀어내는 햇살에 눈부셔하며 잠깐 잠깐씩 마당을 걸었습니다.

오후로 접어들면서 봄비가 내렸습니다. 비가 내린다는 사실만으로 분명히 말할 수 없는 반가움이 일고 설레는 겁니다.

집, 빗소리가 들립니다, 누군가 두드리는 듯한. 다시 정리해볼 마음이 생겨 들여다보다가 미련 없이 지워버렸습니다. 차라리 새로 시작하자. 아닌 건, 백 번을 다시 봐도 아닌 거야. 몇 줄 살리고 싶은 대목이 있었지만 주저하지 않았습니다. 오래 들여다보고 망설이다 보면 미련을 이기지 못하게 됩니다.

딸아이를 데리러 나가는데 더 없이 마음이 가벼웠습니다. 이렇게 후련할 수가! 날 얽매고 있던 끈이 한 순간에 풀어진 느낌인 겁니다. 고민한 날과 애쓴 시간이 아까워 웬만하면 건져보려던 마음마저 가질 필요가 없게 되었잖아요. 터무니없이 밀려드는 개운함에 스스로 놀랐답니다. 썼다 지우는 잡문이 어디 한둘이겠습니까, 마음에 아닌 것은 역시 아닌 것이더군요.

이렇게 적고 보니 무슨 대단한 글쟁이 같습니다.

봄에 기대다

김선우 시 「짜디짠 잠」을 옮기다 생각이 길어졌습니다.

몇 년 전 여름의 어느 날 일입니다. 시골 집 앞마당 화단 한쪽에 장독대가 있고 그 구석으로 포도나무 한 그루가 있습니다. 몸을 뒤틀며 지지대를 타고 오른 나무는 빈약했으나, 부챗살처럼 퍼진 그물을 타고 여러 갈래로 뻗은 가지는 제법 알찬 포도송이를 달고 있었습니다.

청포도처럼 푸르지만 속이 굳은 덜 익은 포도였습니다. 한 여름의 햇살을 한동안 더 견디고 검게 익어지기를 기다려야 했지요. 당시 세상에 나온 지 너덧 해 되는, 고만고만한 조카 녀석들이 줄줄이 사탕처럼 몰려다니기를 즐기던 때였습니다.

엄마 아버지를 비롯한 가족들이 포도나무를 둘러싼 아이들 뒤에서 포도 알을 따 한 녀석에게 주었습니다. 나두, 나두, 합창하며 내미는 손에 하나씩 놓아주었지요. 입에 넣자마자 얼굴을 찡그리며 뱉어내는 녀석에 써- 하며 혀를 쭉 내미는 녀석, 거기다 다른 한 녀석은

"으, 짜!"

하면서 머리를 마구 흔들어댔습니다. 파도타기로 이어지는 행동과 표정에 모두들 한바탕 웃음을 터트렸는데 유독 '짜다' 는 말이 그냥 흘러가 지지 않았습니다. 시고, 시다 못해 쓰고, 입안이 무겁도록 거북한 떫은맛보다 짜다는 말이 몹시도 적절하게 여겨졌던 것입니다. 그렇지 않습니까. 대략 난감한 맛이 어디 설익은 포도 맛뿐일까요. 삶의 도처에 짠맛이 있었던 걸요. 담백하게 접지

못해 미련을 키우는 애정의 뒷맛, 헹구듯 우려내도 말끔히 사라지지 않는 질긴 후회, 달라붙어 떨어지지 않는 오래된 분노, 베어진 손가락을 입에 물었을 때의 피 맛도, 다 짠맛 아니던가요.

유난히 길었던 겨울의 끝인가 봅니다. 체질과 부딪히는 겨울을 지나온 심신이 피로합니다. 열이 자주 나고 입맛을 잃는 요즘입니다. 음식의 간을 잘 맞추지 못하겠네요.

"안 짜?"

딸아이 눈치를 보며 묻습니다.

"응, 맛있어"

다행입니다. 곧 봄이 오겠지요.

태풍 오는 밤

친구는 늘 그 자리, 거기에 있습니다. 난 좋거나 혹은 나쁘거나 하여 마음을 잡지 못할 때 친구를 찾곤 합니다. 좋거나 혹은 나쁘거나 하는 얘기를 꼬박꼬박 하지는 않습니다. 밥을 먹거나 차를 마시며, 그냥 좀 앉았다가 돌아옵니다. 할 일이 있다는 친구를 교회 앞에 내려주고 집으로 왔습니다. 그리고 그대로 누워 두어 장 책장을 넘기다 잠들었던 모양입니다.

잠은 깊었습니다. 그 깊은 잠 속으로 날카로운 음성이 섞여들었습니다. 고함치는 남자 목소리와 비명에 가까운 여자 목소리. 바람이 불고 비가 뿌리는 스산한 거리에 한 가족이 모두 비를 맞고 있습니다. 아버지를 말리는 딸아이와, 멀찍이 서서 바라보는 어린 남동생. 엄마로 보이는 여자, 뭔지 모를 분노에 빠진 남자는 자기감정을 주체하지 못해 보입니다. 어쩌지도 못하고 서 있는 어린 남자아이에게서 시선을 떼지 못하겠더군요. 엄마인 여자는 말이 없었습니다. 아이들을 들여보내고 싶어 하는 것 같았습니다.

나처럼 자다가 놀라 일어난 딸아이는

“엄마 경찰에 신고해, 신고하자. 응?” 그럽니다.

“엄마 생각엔 다른 사람의 도움이 필요하면 도와달라고 말할 것 같은데… 모르겠다.” 그렇게만 말했습니다.

그러고 얼마 지나지 않아 조용해졌습니다. 바람에 허리가 깊이 꺾이는 나무를 오래 바라보았습니다. 주체 못하는 분노처럼 바람이 붑니다. 어디에든 머리를 들이박고 내가 깨지든 네가 부서지든 해보자는 무모함과 닮았습니다. 이 광포한 태풍 뒤로 무엇이 남을까요. 쓰러지고 부서진 폐허의 자리에서 다시 새순처럼 일어서는 삶과 일상이 있겠죠.

돌아오는 차안에서 전화를 받았습니다. 엊그제 모임 날에 있었던 접촉사고의 상대방이었어요. 어제, 오늘, 계속 연락을 해옵니다. 보험회사 직원과 상의하라고 그 쪽에 일임했다고 말했습니다. 처리하고 싶은 대로하라고… 어느 쪽이 유리하고 손해가 안 되는지 따지기가 싫어졌습니다. 사실은 잘 따져지지가 않았습니다. 내 의중을 살피는 그 사람들의 이해가 불편했습니다. 앞으로 끼어든 차를 피하지 못하고 받아버린 교통사고의 '첫 경험'(?)은 내게 많은 보이지 않던 것을 보게 해 주었습니다. 신고하는가 싶은 동시에 달려오는 레커차와 병원차 그리고 경찰관, 구경꾼들… 그 사이에 문학회원 여럿이 함께 있었습니다. 날 보호하고 위로하고 격려하는 내 편(?)의 그들 덕분에 처음 교통사고의 충격 속에서도 행복했습니다. 행복했다고 말하기가 어이없게도 가장 정확합니다. 혼자서 그 모든 과정을 감당했다면 오래 앓고 깊게 상처를 안았을 것입니다.

태풍이 날카롭게 날을 세우고 달려들고 있습니다. 많이들 다치지 않았으면 좋겠습니다. 누구에게나 그냥 있음으로 위로가 되는 존재이고 싶은 간절함이 바람처럼 몰리는 밤입니다.

민들레 낱꽃

보통 알고 있는 민들레꽃이 낱낱의 독립된 꽃으로 이루어졌다는 걸 몰랐습니다. 5개의 수술, 1개의 암술, 5장의 꽃잎으로 구성된 낱꽃 여러 개가 모여 흔히 보이는 꽃송이를 만든 거지요. 작은 하나의 낱꽃으로는 눈에 띄지 않기 때문에 서로 모여서 꽃가루를 날라줄 곤충을 유혹한다는 겁니다. 민들레꽃은 수정해 줄 곤충이 없을 경우 한 꽃 안에 같이 들어 있는 수꽃과 암꽃이 스스로 꽃가루받이를 해서 씨를 만들기도 한다네요.

평범한 일상에서 짧지만 사색할 수 있는 글감을 옮겨 적으며 매번 하나씩 이름표를 달자니 어수선해 홀씨, 홑씨를 검색하다가 알게 되었습니다. 그 발견이 내게 새롭습니다.

흔히 민들레 씨앗을 홀씨라고 부르는 것은 잘못이랍니다. 꽃이 피지 않는 민꽃식물이 홀씨(포자)를 만들어 바람에 날려 번식하는데 민들레는 꽃을 피워 열매를 맺으므로 홀씨가 있을 리 없는 거지요. 민들레 씨앗에 갓털이라는 솜털이 붙어 있어 바람을 타고 멀리 퍼져나가는데 그 모습이 홀씨와 비슷하여 쉽게 그렇게들 생각하는가 봅니다. 갓털은 씨앗이 알맞은 곳에 도달할 때까지 움직이지 않도록 씨앗을 고정해 주며 수분을 공급한다네요. 참으로 오묘한 자연의 이치입니다.

또 하나의 세상인 인터넷 공간에서 나를 가리켜 사용하고 있는 '민들레' 는 흔한 이름에 속합니다. 그 이름이 나와 잘 어울린다는 말을 들으면 기분이 좋습니다.

독립적이며 개별적인 의지가 있는, 또한 각각이 꽃차례를 이루며 하나로 모여 아름다움을 완성하는 '민들레 낱꽃' 으로 내 소박한 글머리를 장식하고자 합니다.

작고 사소한

경상남도 거창으로 일주일간 합숙에 들어갔던 딸아이가 돌아왔습니다. 딸아이는 아침에 나갔다 저녁에 들어오듯이 전화를 했고 나도 그런 기분이었습니다.

연습실 앞까지 가서 트렁크에 짐을 싣고 매화동 사는 딸아이 친구를 데려다 주고 돌아오면서도 별 할 말이 없습니다.

집으로 올라와 짐을 정리하라고 말했습니다. 집에 돌아온 딸아이는 심심해합니다.

저녁을 먹고 컴퓨터 앞에 앉아서는 심심하다고 친구에게 전화를 합니다.

피곤할 텐데 일찍 자라고 말했습니다. 두 번째 한 말입니다. 딸아이는 침대에 누워서 천장에 달린 선풍기는 틀어주고 불은 꺼달라고 말합니다.

딸아이는 잡니다. 이 아이의 마음은 어디에 있을까요?

무심한 것과 무정한 것에 대한 생각이 문득 듭니다. 난 무심한 걸까요, 무정한 걸까요. 정에 대해, 마음에 대해 또 그런 생각이 듭니다.

나를 이루는 것은 무엇일까요. 난 마음을 다친 듯합니다. 아주 작은 일에, 사소한 부분으로.

드러내놓고 말할 수 없는 그 작고 사소한 일이 무겁기 한이 없습니다. 작고 사소하다고 인식되어지는 것이 참으로 쓸쓸하기도 합니다. 그러면서 때로 무정해져야한다고 생각하게 되는 겁니다.

딸아이는 전화를 한 번도 안 했습니다. 나도 기다리지 않았답니다. 할 수만 있다면 무심하게 살아야겠습니다. 어떤 일에도 아무렇지 않을 수 있도록 말입니다.

어느 60대 노부부 이야기

「어느 60대 노부부 이야기」 며칠째 이 노래를 반복해 듣습니다. 폭삭, 늙어버린 기분입니다. 서른셋에 요절한 가수는 어울리고도 구성지게 이 노래를 잘 부릅니다. 마음이 풀어지며 흐늘흐늘 바닥에 깔립니다.

얼마 전 시골집에 다니러 가서 본 엄마는 앞니가 빠져 꼬부랑

할머니 같았습니다. 음식을 잘 씹지 못하시고 소리가 새 발음이 정확하지 않았어요. 엄마 얼굴을 쳐다보지 않으려고 딴청을 부리곤 했습니다. 그래도 웃으실 때 손으로 입을 가리시는 모습이 예쁜 새색시 같았어요.

잠만 자는 나를 엄마는 서운해하셨지요. 모처럼 친정에 와 얘기도 하지 않고 잠만 잔다고…… 틈만 나면 난 잤습니다. 내 문제만으로 숨쉬기조차 힘들었던 즈음입니다. 아무 생각도 하고 싶지 않다고 자꾸 생각되었습니다. 겨울가뭄에 반쪽으로 줄어 든 강을 한 번 보고, 집 뒤로 서걱거리는 비탈길을 산 아래까지 두어 번 다녀오고는 금방 되돌아 왔습니다. 동네 집집마다 개들이 먼저 아는 척을 했습니다. 사람을 만나기 어려웠습니다. 어느 정도 눈치를 채신 듯하였으나 아버지는 늘 그렇듯 말이 없으셨어요. 아무것도 궁금해하지 않으셨죠. 기르는 토끼를 한 마리 잡아 구워 먹자고 하셨어요. 남동생과 히히거리며 숯불을 피우고, 고기를 구워서는 집에서 기르는 '성공' 이에게 던져주었습니다. 성공이는 잠시도 근처를 떠나지 않고 꼬리를 흔들며 날름날름 잘도 주워 먹습니다.

"너, 말 안 들으면 실패라고 부른다."

나는, 별 우습지 않은 얘기에도 배를 쥐어가며 웃곤 했습니다.

아버지는 엄마를 안쓰러워하십니다. 그렇게 보였어요. 이 노래를 듣노라면 중간중간 나도 모르게 눈물이 납니다. 이상하게. 정말 이상합니다. 자꾸 슬퍼집니다.

여름휴가 때, 마당 평상에 앉아 하늘의 별을 주어보다 끼고 있던 이어폰을 엄마 귀에 대면서

"엄마가 좋아하는 노래야, 들어봐요."

그러다가 소리도 잘 듣지 못하신다는 걸 알았습니다. 이상하게 화가 나더군요.

엄마, 엄마…… 엄마를 싫어했습니다. 결혼하고 아이 나면 다들 달라진다고, 그런 법이라고 말했지만 난 별로 달라지지 않았거든요. 그런데, 엄마가 먼저 달라졌습니다. 그 칼칼하고 송곳 같던 엄마가 갈수록 약해지시는 겁니다.

아버지가, 그런 엄마를 물끄러미 바라보신다고 나는 떠올립니다.

무료 영화권

무료 영화권이 생겼습니다. 이용할 수 있는 기간이 넉넉하기에 며칠 잊고 지내다가 보니 오늘까지인 겁니다. 갑자기 마음이 급해졌죠. 따져보면 별 거 아닐 수 있는데 속된 말로, 주는 떡도 못 먹을 수는 없다 뭐 이런 갈등이 된 거죠. 정작 문제는 그게 아니라 1매 2인 예매권인데 편하게 함께 갈 사람이 없는 겁니다. 전화로 가능한지 물어본 사람이 딸아이를 포함해 둘입니다. 떠오르는 사람은 여럿 있었으나 이런 저런 이유로 직접 알아보지 않는 쪽으로 접은 겁니다.

그러면서 이런 생각을 하게 되었죠. 내 인간관계가 너무 초라한 건 아닌가.

문제는 내 마음과 생각에 있었지요. 아니면 혼자 보는 영화에 제법 익숙해진 탓일지도 모르고요. 아무튼 잠깐이지만 자신의 편협함을 돌아보게 되었다는 얘기입니다. 그래도 내가 달라질 것 같지는 않습니다.

결론은 혼자 볼 각오로 적당히 늦은 시간, 영화가 끝나고 버스로 돌아올 수 있는 시간으로 일단 예매를 했습니다. 그런데 또 이상한 건 아예 작정하고 혼자 보는 영화와, 1매 2인권의 영화를 혼자 보게 되는 것하고는 사뭇 다른 겁니다. 생각으로가 아니고 현실감으로 초라해질까 봐 걱정이 되는 거였지요.

전화를 했습니다.

"시간 괜찮으면 저녁이나 먹어요."

왜? 하고 눈치도 없이 묻는 여인을 만나 배부르게 저녁 먹고 마음 부르게 영화보기도 마쳤습니다.

「삼국지 –용의 부활」은 참 낭만적인 영화더군요.

군인 아저씨

아들아이가 군 입대를 하고 난 후 제 안테나는 국방부에 집중되어 있습니다. 군 관련뉴스나 남북관계 변화추이에도 민감해졌죠. 인기 모 연예인이 어디로 군 입대를 하였다는 소식도 지나쳐지지 않고, 길가다 시야에 들어오는 군인이나 군용차량도 예사로 안 보입니다. 새 정부 들어 대북 관계 뉴스가 연일 심상치 않은 가운데 모 일간 신문의「北 '군사적 조치 취할 것'」하는 기사 머리글에 가슴이 철렁 내려앉습니다.

어젠, 작년 9월에 입대해 올 3월 일병을 단 아들의 생일을 챙겨주러 면회를 갔습니다. 가고 오는데 10시간을 넘게 보내고 두어 시간 함께 있었거든요. 그곳은 매우 조용합니다. 머리 위 새소리가 너무 커 놀라 쳐다보게 되고, 꽤 멀리 떨어진 부대 앞 초소병의 '충성' 소리가 메아리처럼 들려 저절로 돌아보게 되는 곳입니다. 다른 세계와 와 있는 기분이라며 주변을 둘러보는 아들의 표정은 더없이 그윽하였지요.

먼지를 피우며 버스가 한 대 지나가고 반 시간이면 오겠지 하며 기다린 버스가 한 시간이 넘도록 안 오는 겁니다. 구부러진 산길을 바라보며 버스정류장 앞에 다리를 뻗고 앉아 기다리는 시간이 속마음으로 좋았습니다. 정신없이 몰아치는 소용돌이에 갇혀 있다가 시간이 멈춘 듯한 이 공간으로 순간이동이라도 한 기분이었거든요. 아들아이도 버스가 안 온다는 소리는 하지 않았죠.

제가 어렸을 때 군인은 모두 군인 아저씨였고 용감하고도 든든해 보였잖아요. 면회 가겠다는 말에 고구마 케이크와 던킨도너

츠 사오라는 일병 아들아이는 참 철없는 아기 같은 군인 아저씨 입니다.

수목

다니는 직장 앞마당에 여러 그루 나무가 있습니다. 은행나무, 느티나무, 단풍나무, 모과나무, 대추나무, 라일락, 목련, 향나무, 고욤나무, 꽃사과나무, 등 많기도 한 느낌입니다. 나이 들면서 나무가 좋아집니다. 홀로 서 있는 나무를 보면 든든하기도 하고 위로가 되기도 하고, 말동무를 삼을 때도 있군요.

택지개발로 인한 이전비용을 책정하기 위해 산림공원과에 의뢰해 조사한 수목목록을 보니 이 외에도 도장나무, 철쭉, 회양목, 수수꽃다리가 더 있네요. 제가 라일락이라고 알고 있던 나무가 수수꽃다리입니다.

봄기운이 돌면서 가장 먼저 일어나 꽃을 피우는 목련나무가 요즘 한창 부풀어 탐스런 솜사탕 같습니다. 지난 해 모과나무는 꽤 여러 개 열매를 달았습니다. 장대를 이용해 떨어트린 모과를 한동안 데리고 있기도 했습니다. 정말 못 생겼더군요. 정자와 담벼락 사이에 끼여 괴로운 듯이 자라고 있는 대추나무도 추석 즈음이 오자 실한 대추를 내 놓았는데 재밌는 건 대추 한 알에 벌레 한 마리씩이 꼭 있는 겁니다. 키만 길쭉한 세 그루 은행나무에도 제법 은행이 열리는 걸 처음에는 몰랐습니다. 휴일을 이용해 일삼아 거두어 가는 아주머니들이 있었던 겁니다. 너무하다 싶을 정도로 무심한 면이 내게 있습니다. 그대로 땅에 떨어져 묻힌 은행에서 싹이 나와 어느 해는 몇 사람이 옮겨 심겠다고 떠가기도 했습니다. 저도 손바닥만 한 마당이라도 있으면 은행나무 침대를 만들 정도로 대를 이어 키워보고 싶다는 생각을 잠깐 했죠.

정문 앞 잘생긴 느티나무를 특히 좋아했습니다. 잎이 무성하여 여름엔 그늘이 깊고 가을엔 오래도록 잎을 떨구어 날리고, 겨울에 함박눈이라도 오는 날이면 더 없이 아름다운 성탄목이 되어 주었거든요. 올 봄 한전에서 사람이 찾아와서는 그 느티나무 가지가 지나는 고압선을 건드린다며 조금만 자르겠다는 겁니다.

예쁘게 잘라주세요 했거든요. 어느 틈에 일을 끝냈는가 싶었는데 전문 이발사가 아니어서인지 너무 생뚱한 겁니다. 볼 때마다 미안합니다.

정을 떼려는가 봅니다.

즐거운 일기 쓰기

점심시간 전이었던 것도 같고 오후였던 것도 같습니다. 전화를 한 통 받았습니다. 아, 여름이었습니다. 그 사람들 연신 흘러내리는 땀을 주체하지 못했거든요. 동사무소 직원까지 동행하여 잠긴 현관문을 강제로 열고 유채동산압류를 집행 중이라고 했습니다. 전화를 끊고 집으로 가는 동안 줄곧 내 머리를 채웠던 생각은 컴퓨터였습니다. 아니, 그 안에 들어있는 내 '즐거운 일기 쓰기' 문서였지요. 다른 아무 생각도 없었어요. 물건이야 다시 사면 되는데 일기는 다시 쓸 수도 없고 어쩌나, 진작에 복사해 두는 건데, 그 후회로 진정이 안 될 정도로 두근거렸죠.

태양열을 잔뜩 받은 꼭대기 층 아파트 열기는 대단했습니다. 그들은 조심스레 그러면서 나를 배려해 보이지 않는 물건 후면으로 반 접은 명함크기의 딱지를 붙였습니다. 철수하는 분위기여서 내가 물었죠. 물건은 언제 가져가는 거죠? 역시 TV가 문제였습니다. 영화나 드라마에서 사정하고 매달리는 사람들을 냉정하게 뿌리치며 인정사정없이 물건들을 실어내거나, 손바닥만 한 차압 딱지를 보란 듯 붙이는 장면이 내 머리에도 저장되어 있었으니까요. 아무튼 그들은 빈손으로 돌아갔습니다.

언제부터인가 시간과 날짜의 흐름이 뭉텅뭉텅 잘려나가는 느낌이 들었거든요. 나를 제쳐놓고 일주일, 한 달, 일 년이 훌쩍 가버린 것 같아 조바심이 나고 허무해지는 겁니다. 그렇게 빠져나가는 세월을 손 안에 가두기 위한 방법으로 일기 쓰기를 다시 작정하게 되었지요. 짧게라도 매일 쓰자, 그렇게 시작한지 6년 정도 되었습니다. 가끔 무기력 요괴에 잡히는 날이면 일기를 열어 봅니다. 자, 하루도 내가 살지 않은 날이 없잖아, 많은 일이 있었네, 여러 사람을 만났고… 그것은 적잖이 위로가 되는 일이었습니다.

그러면서 어떤 유형의 자산보다 소중하고 가치 있다고 여겼으나 한 순간 연기처럼 사라질 수도 있음을 생각 못했습니다. 먹고 사는 일의 절박함을 눈앞에 두고 있는 생활인이면서, 이래저래 세상물정에 어두운 자신이 보여 쓴웃음이 나왔지요. 일기 말고 딱 하나 심각하게 걱정한 일이 있었네요, 냉장고를 가져가면 김치며 음식물 보관을 이 여름에 어떻게 하지?

그 사건 이후 일기문서는 이중삼중으로 저장을 해둔답니다. 어쨌거나 그 후로 일기가 더욱 소중해졌겠구나 싶겠지만 그게 그렇지 않더군요. 그냥, 내 가치기준은 과연 합리적인가, 그런 생각을 지금도 하고 있습니다.

문학의전당 · 산문집
민들레 낱꽃

초판인쇄 2008년 11월 3일
초판발행 2008년 11월 9일

지 은 이 | 연규자
펴 낸 이 | 김충규
펴 낸 곳 | 문학의전당
출판등록 | 제387-2003-00048호(2003년 9월 8일)
주소 | 121-718 서울시 마포구 공덕2동 404번지 풍림VIP텔빌딩 202호
전화번호 | 02-852-1977
팩시밀리 | 02-852-1978
블 로 그 | http://blog.naver.com/mhjd2003
전자우편 | mhjd2003@naver.com

ISBN 978-89-93481-02-0 03810

*이 책은 시흥시 문예기금을 받아 제작되었습니다.